先生教你写文章

写作方法入门

孙起孟　著

北京出版集团
北京教育出版社

图书在版编目(CIP)数据

写作方法入门 / 孙起孟著. —北京 ：北京教育出版社，
2014.3

　（先生教你写文章）

　ISBN 978-7-5522-3425-1

　Ⅰ．①写··· Ⅱ．①孙··· Ⅲ．①汉语–写作 Ⅳ.
①H15

中国版本图书馆CIP数据核字(2013)第293542号

先生教你写文章

写作方法入门

孙起孟　著

*

北 京 出 版 集 团　出版
北 京 教 育 出 版 社
（北京北三环中路6号）

邮政编码：100120

网址：www.bph.com.cn

北京出版集团总发行

全 国 各 地 书 店 经 销

三河市同力彩印有限公司印刷

*

710×1000　16开本　9.5印张　100千字
2014年3月第1版　2020年11月第2次印刷
ISBN 978-7-5522-3425-1

定价：19.80元

版权所有　翻印必究

质量监督电话:(010)58572393，62698883，58572750　　购书电话：(010)58572909

出版说明

　　语文是我国基础教育最基本的必修科目，起着培养基础语言文字能力和熏陶人文精神的作用。而作文又是语文这一科目的重中之重，写好作文不仅仅是应试之需，更是立己立人之需。陶冶情操、传承人文是作文的内在要求。

　　"先生教你写文章"丛书与市面一般作文图书的最大不同在于，本套丛书收录了二十本垂范后世的教育大家关于作文写作的经典著作（个别文字有修改）。

最好的老师——遍览世纪大家风采

　　本丛书包括如下作者：梁启超、夏丏尊、胡怀琛、高语罕、刘半农、蒋伯潜、叶圣陶、孙俍工、阮真、朱光潜、朱自清、章衣萍、谭正璧、孙起孟、沐绍良、唐弢、张志公、朱德熙等。他们亲历三千年未有之大变局，在前所未有的文化嬗变中，既葆有旧时代的文脉，学问周正一流，又兼有新时代的精神，开拓创新，视野宽阔，能吸收西方的先进理念。他们的著作兼具传统与现代汉语的内在之美，都是典范传世之作。他们的为人与为文影响、滋养了几代中国人。

这些教育大家确立了现代中国白话文写作的典范，如：梁启超先生的文章明白畅达，在当时受到一代青年学子的追捧；朱光潜先生的文章深入浅出，讲解生动；朱自清先生的散文优美清丽，早已是中国散文史上的经典之作。

这些教育大家亦是中国现代汉语规范的创立者和语文教育的真正开创者：如张志公先生提出了"汉语辞章学"的概念，初步构拟出汉语辞章学的理论框架；又如汉语语法学界的语言学大师朱德熙先生，是一位富于开创精神的杰出学者，在语法研究上以其独特的语法思想与科学的分析方法，深入地研究汉语语法现象，奠定了汉语描写语法的基础。

最好的指导——倾心传授写作之道

本套丛书凝聚了数代学界名流的学术成果和研究心血。语文教育大家叶圣陶先生从写什么、怎样写、文章句子的具体安排、文章中的会话一直到文章的静态与动态，都一一详述；夏丏尊先生从阅读到写作的论述语言生动，见解独到，举一反三；梁启超先生对于作文之法则、规矩的讲论，语言畅达，并富有说服力，全面阐述了各类文体所应遵循的规则，以及提高写作水平的方法；朱光潜先生以深厚的学术涵养，从理论高度来谈论写作，文章深入浅出，语言平易近人，让读者在美学照应之下得到关于写作的内在之道；朱自清先生对于写作有自己独特的见解，认为"思想、谈话、演说、作文，这四步一步比一步难，一步比一步需要更多的条理"，推崇"多看、多朗读、多习作"；朱德熙先生从主题、结构、表现、词汇、句子、标点等六方面阐述写作之道，每章之后附有习题，举例丰富，说明切实具体，体现着朱德熙先生关于中学语法教学的先进理念……这些论述在当时对于提高中学生的写作能力裨益甚多，我们相信，对于当下中学生的写作同样具有极大好处，对提高中学语文教学质量一定也具有重要的指导作用。

虽然历史已往，时代在变，但是传统文化中那些熠熠闪光的精华永远不会被埋没。

我们希望通过本套"先生教你写文章"丛书让读者朋友从中领悟文章写作一脉相承和推陈出新的道理，给现代作文教育一个新的思考方向，也希望能帮助中学语文教师更好地指导学生学习写作，更希望广大青少年读者，尤其是在校中学生可以通过这套丛书更深刻地理解写作的内在精要，真正掌握写作规律，从而提高写作能力。

先生之诚，作文之道，尽在于此。

2014 年 3 月

本书说明

　　《写作方法入门》的作者为著名教育家、社会活动家孙起孟先生，该书由生活书店于 1936 年 7 月初版。该书采用一问一答的对话体，语言生动活泼，讲解形象鲜明，将作文的写作规律给读者娓娓道来，使得枯燥的作文课趣味十足。此次我们将孙起孟先生另一本很有影响力的作文辅导书《写作方法讲话》一并编入，内容更加丰富。

目 录
Contents

写作方法入门

第一讲　写作有没有方法?

问：谈写作方法之前，有一个问题先要请你解说一下。

答：什么问题？……哦！你是不是对写作方法根本有些怀疑?

问：正是。我对写作一向有着很大的兴趣，而且也可说略略有一些经验。只是写虽常写，自己却觉得少有进步，看看别人的作品，总比自己的强。这是一件使我非常苦闷的事。我曾经请教过好几个有名的作家，他们在写作方面已有卓著的成绩，我想他们对我一定能"开示"一条门径。谁知听了他们的一番指教以后，更感到彷徨无所适从。他们中有几个说，写作

★ 写作有没有方法?

《写作方法入门》1936年初版

3

根本没有方法可讲,《文章作法》一类的东西只是骗人的,要写得好,只有多写。但有些人一开头就介绍《文章作法》《小说法程》等等书给我看,教我从中揣摩❶。这一类书,我早也就看过一些,听这几个成功作家的指示以后,再去细细研读,结果对我也没有什么补益。我现在觉得写作是一个谜,讲求什么方法是徒然的。这样的意见,你以为对不对?

答:他们说,只要多写,就能写得好,这不还是一种写作方法。你试试如何?

问:我的问题是怎样写,单说多写,蛮干恐怕是不成的。我尽着写,可老没有进步:这就是一个明证。

答:如果写作一无方法可讲,那么你以为作家是怎样成功的呢?

问:这……大概是靠天才吧。

答:天才的作家也还是要讲究怎样写的,所以并不能高抬天才来抹煞❷写作的方法。再如天才作家的作品,都是特别的经心构成,天才的哥德❸曾说他的一生,无非是劳动与工作,这些地方正给了我们写作方法绝好的指示。有一个时候,我们的作家曾经告诉别人,作品的写定是靠天才的横溢,然而在实际上稍稍可看的东西都是经作者在"怎样写"

❶ 揣摩:忖度,估量。

❷ 抹煞:完全勾销,一概不承认。

❸ 哥德(1749-1832):今译作"歌德",德国18世纪诗人、自然科学家、文艺理论家和政治人物,最伟大的德国作家之一,也是世界文学领域的一个出类拔萃的光辉人物。代表作有《少年维特之烦恼》《浮士德》等。

上下过苦功的，率尔❶而作的文章最容易夭殇❷，这是事实。

问：讲求作法对灵感恐怕有妨碍吧？

答：我以为是不妨碍的。粗粗地说起来，灵感是属于内心的酝酿，写作方法影响不到它，但等到要表现❸于言语文字的时候，那自然要在作法上分个高下。只有准确的作法才能把灵感复写过来；要不然，就有灵感，只能埋葬在作者的心里，不能起传感的作用，因此也不成为作品。所以作法和灵感不但不冲突，而且是"相得益彰"的。左勤克❹在《我怎样写作》中一方面固然说灵感"对于作家，对于作家的全部工作是一种唯一的要素"，但同时他不能不承认"技术能帮助灵感，能补充灵感的不足，也能代替灵感，有了技术，不致低坠了自己的质量"。

问：有些作家写起来如倾如泻，要他们讲究作法不会凿断他们的思流，窒碍他们的气势么？我听见人说：他所要写的东西，有时候是像江河之奔放，一发不可收拾，但如在要写的时候给打断，他过后就无法写起来。讲究作法对这样的作家不是有害的么？

答：作家的"思流""文气"如果凿得断，窒碍得住，可见都是浮薄的，不健旺的。这只能请作家在

❶ 率尔：轻率。

❷ 夭殇：指未长大成人而死亡。

❸ 表现：原书为"表见"。下同。

❹ 左勤克（1895—1958）：今译为"左琴科"，苏联著名幽默讽刺作家，著作有《贵妇人》《狗鼻子》《澡堂》等。

① 因噎废食：出自《吕氏春秋·荡兵》："有以噎死者，欲禁天下之食。"原意是说，因为有人吃饭噎住了，索性连饭也不吃了。比喻要做的事情由于出了点小毛病或怕出问题就索性不去干。

② 哪：原书为"那"，下同。

③ 的：原书为"底"，下同。

④ 如人饮水，冷暖自知：泛指自己经历的事，知道感受，（旁人）不宜明说（谴责/评说）。

"培本"功夫上着想，不能因噎废食①，不讲作法。真正是"喝醉了酒似的，觉得有尽情倾吐的欲求"的创作冲动和材料，哪②里会"过后就无法写起来"？这类作家的真病是在让他们的③笔做了浮薄的冲动、印象的奴隶，讲求作法对他们是全然无害的。

问：照你所说，写作方法是确有这么一回事，而且对我们是有益的了。可是，又有人说，写作的甘苦，"如人饮水，冷暖自知"④，什么方法只好意会而不可言传，这样，作法尽有，既不能传述，岂不是等于没有一样么？

答：过去的文人确有这种神秘的说法，其目的是在蒙住大多数人的眼，使文字一道成为士的阶级进身做官的唯一敲门砖。到现在再提出这样的话，那未免太陈腐了。文字的运用是一种客观的现象，正同其他现象一样，有什么不可言传？

问：依你说，看了一本写作方法指导书简直就能把文章写好，是不是？

答：这你不能看得太呆。首先你要明了认识和习练的不同。写作方法指导书确然能供给你关于写作技术的知识，而这种知识的获得也确然对你写作的造诣发生着作用。但是这里绝对缺不了习练、实践。第一，

6

说到底，写作是一种动作，说是懂得了就是做了或就是做得好，这话谁也不会相信。动作的进步自然要靠动作的训练，所以单是"看"了写作方法指导书或单是"懂"得了写作方法就希望写好文章，那当然是不可能的。第二，写作方法指导书所指示的大概是些关于写作的原则，即使是具体的方法，也总是偏向一般性的，它决不能把哪一个人写作的个别毛病都说在里面，这些个别困难的克服全凭个人实践的努力。第三，写作方法指导书的范围只能及于形式的处理，但文章的好歹不能单凭形式而定，这也是单看了写作方法指导书不一定能把文章写好的一个主因。

问：那么，写作方法一课题究应如何提法呢？

答：这要站在确认认识与实践的相对而又　致这一立点提出的。

所谓认识与实践的相对，以写作方法一课题来说，就如上面已经讲过的，不能把懂得写作方法和写作混同为一。如果从相反的立点出发，势必流于这种弊端：或是把写作方法的作用夸大了，或是在写作的实践上表现出怠工来。所谓认识与实践的一致，就是又不能把写作方法的把握和写作看为两样。有些人否认写作方法或其效用的错误结论，是由于前一错误基本观念

★　不能把懂得写作方法和写作混同为一。

7

★ 研究写作的方法，一
定要本着这样的基本
观念才对！

得来的。对于写作方法的准确认识能在写作实践过程
里起着渗透的作用，具体地说，它能帮助我们克服写
作的困难，提高作品的品质。同时，关于写作方法的
认识也能在写作的实践过程中修正，补充，成长起来。
研究写作的方法，一定要本着这样的基本观念才对！

第二讲　写作的基本认识和态度

问：作品是什么？

答：你这一提问是很重要的。如果对作品没有准确的理解，我❶们写作的工作就要落空，甚至产生恶劣的倾向。

作品是什么呢？我以为：作品是传感于别人的，宣传的，和带有指示行动意义的东西。煽动性，这是一切作品的第一个特点。有人也许要举出那些专讲草木虫鱼，所谓冲淡的性灵的文章来作文证，但这是无用的，冲淡的文章还不是把冲淡之感渲染给别人？使人看了木然❷无感的（事实上无此事）不成为作品。所谓宣传，就是说，作者总在作品里自觉地或不自觉

❶ 我：原书为"吾"。

❷ 木然：一时痴呆不知所措的样子，又或仿佛受猛击或受震惊造成的。亦形容呆呆的无表情的神态。

地把他的世界观、社会观诉诸读者。有时候，有些作家自命为中间的超然的立场，其实超然的立场是没有的。又有一些人坚决否认文艺作品的宣传性，这也是错误的。抗战发生以来，这种论调失踪了，因为一切执笔者大概都已默认在当宣传员。其实，在先前，就以对抗战的态度一点而论，哪一个作者能避开这问题而不在宣传：高呼着反抗的固然是在宣传，谈性灵的，说古董的不也在宣传自己的一套——对于抗战的漠不关心？宣传性是作品的第二个特点。第三，作品不但有所"表示"，而且还有所"指示"——自觉地或不自觉地唆使❶别人怎样行动，怎样生活。听到这一点，有些作家恐怕格外要跳起来。说他"教唆"❷别人，他怎么能承认？其实这是不必害怕的。认识和行动是相对而又一致的东西。作品既使人"感"，使人"知"，自然会使人"行"。这可叫做作品的"导引性"。

以上的话和作品是自我表现的主张冲突不冲突呢？说作品是自我表现，这话是对的，但不能把"表现"看得太神秘。表现决不是一个"直觉"的过程。就"内"的方面说，作者必须充实其生活经验，加深其观察，努力于典型的把握……这些是表现的必要准备。说自我表现，自然先须充实自我。就"外"的方

❶ 唆使：原书为"唆示"。下同。

❷ 教唆：诱导唆使或怂恿指使（别人做坏事）。

10

面说，作者的材料到表现在文字上时，那完全是一个技术的过程，怎样增删，怎样装配，其意味是同匠人造屋、机匠装置机器差不多的。把表现看作兴会的奔放、率然的动作，把"创作"看作神妙莫测，都是完全不对的。高尔基❶说得好：

> "……那文学工作，我们常以朦胧而蠢相的谰言'创作'名之。我以为这是个有害的言辞，因为它在文学家和读者之间造了一种东西，仿佛有种现成的区别：读者惊异地在工作，而作家从事某种特别的超格工作——'创作'……"
>
> （摘录自张译《给初学写作者的一封信》❷）

在准确的理解之下，所谓表现是和上面所说的涵养绝无冲突。有人以为把作品看作宣传的东西，会妨害真实的"表现"，那全是闭了眼睛的瞎想。

很着重的，我要再提一下，就是，写作过程主要的是组织过程。作者要写作进步，非好好地训练组织的能力不可。所谓组织，不仅指形式的处理，就连材料的处理也包括在内。伟大的作者必然是富有伟大组织力量的。既说是组织，那有什么神秘可言？不是神秘的东西，有什么不可言传，不易学习？把握着这样观念，一个写作者方能踏上坦途，不致如一般人的高论天才，妄想灵感。柏得尼依（Bednii）❸把写作看为

❶ 高尔基（1844-1926）：苏联文学家，代表作有《母亲》《童年》《在人间》《我的大学》等。

❷《给初学写作者的一封信》：苏联文学顾问会著，张仲实译，大连中苏友好协会出版（1946）。

❸ 柏得尼依（Bednii）（1883-1945）：通译杰米扬·别德内依，苏联诗人。他曾写了不少歌颂革命、讽刺敌人的政治鼓动诗。1923年4月全俄中央执行委员会主席团曾授予他红旗勋章。

一种"劳动"，而且加以"苦重的""黑暗的""紧张而顽强的"一类给才子们看轻的形容词，是完全准确的。

问：关于写作的基本态度，你以为怎样？

答：我以为有下列几点应该注意：

（一）**把捉对象**　上面说过，作品的一个特点是要传感给别人。既要传感，且要把捉住对象。古人云：要把作品"藏之名山"❶，但到底还是要"传之其人"。"其人"是多是少，姑且不论，总是作品的对象。即使是最孤高的作家，不能撇了对象而写作。不特如此，作者更应进一步抓住最多数的读者；"他应当在广大的劳动大众当中植下很深的根柢；它须为大众所明白，为大众所爱护。它须把这种大众的情感、思想和意志联合起来，而加以鼓励"（乌利雅诺夫语）。尤其是在抗战的今日，作者如果不顾读者的需要，还在讲神妙的"自我表现"，那不等于喃喃的呓语！

由现在所说的一个基点出发，文坛上曾经好几回提出过"通俗化"的口号。这倾向是非常准确的。不过，"通俗化"的理论虽然提出了，在实践上还未见多大的影响。正因为未能把握住读者对象，所以作品和广大民众之间还有一个距离。必须把这距离消灭了，才能见出作品的真正力量来。

❶ 藏之名山：出自西汉司马迁《报任少卿书》："仆诚以著此书，藏诸名山，传之其人。"藏，收存。传，传给。把著作藏在名山，传给志趣相投的人。后指著述极有价值，能传之后世。

（二）避免"自我中心"（ego-centric conception） 初学写作的人往往有一种毛病，就是一切以自我作标准，来审断材料之增删、布置等等。这种毛病，我叫做"自我中心"。譬如，叙述一件事情，其中人物及事情发展的衔接，原只有自己最为明了；作者有的因为自己明悉了，就有意或无意地删略其部分❶的材料，结果使读者看了莫名其妙❷。这样的例证在初步的作品中可以找出许多。

（三）想好了才写，写好了再想 作品怎样才写起头呢？我以为不应随便落笔。一个习作者应该把他所要写的东西观察透了，想明白了，才可以动手。他决不能单凭一时的兴会或触机❸（有人把这看作"烟士披里纯"❹），就率尔搦管❺，这样的作品一定是有漏洞的，不纯熟的。《给初学写作者的一封信》上有这么一段叙述：

"北高家索有一个青年诗人在来信中说道：'我坐下时，不知道如何是好。我执笔在纸上乱画，涂写别的字，然后诗头便来了。'"

苏联文学顾问会对于这样的作者怎样地指示呢？同书上说：

"这个工作方法是不对的。在坐在椅子上以前，

❶ 部分：原书为"部份"，下同。

❷ 莫名其妙：原书为"莫明其妙"。下同。

❸ 触机：碰到机遇；触发灵感。

❹ "烟士披里纯"：亦作"烟士披离纯"，[英 inspiration] 灵感。梁启超《烟士披里纯》："烟士披里纯者，发于思想感情最高潮之一刹那项。"

❺ 搦管：握笔；执笔为文。

13

在开始写作以前，先应细密地思考，探索一番。"

（《给初学写作者的一封信》三十二页）

　　写完以后呢，还要细看，细想，如有不妥的地方，就得马上修改或增订。"写好了再想"这一步骤，完全是必要的。

★ 写完以后呢，还要细看，细想。

第三讲　基本的语法知识

问：语法是不是作法呢?

答：不是的。作法的范围广，语法的范围狭。作法的对象是篇章，语法的对象可以说就是词和句。怎样使词和句构用得准确是语法的使命——也仅能告人以准确和错误，驾此而上则非语法的"治区"。在这一点上说，语法可以看作一种"规范科学"。

问：关于语法的书，我也看过几本。最深刻的印象就是什么八大词类（eight parts of speech）。正如斯宾塞尔❶所批评的，这些对于我们写作似乎绝少帮忙。

答：你所讲的，正是旧语法的缺点。旧语法都是从静的立点来讲述的，它不能显示词句的动态与其

❶ 斯宾塞尔：今译为斯宾塞（1820-1903），英国哲学家，代表作有《式样哲学》《政府的适当权力范围》等。

活的关系，有些时候更陷于机械和累赘的弊病。譬如"活动"一词，旧语法一定要派定属于哪一词类，其实它的词性是要看它的作用和它与别词的关联而定的。"他近来很活动"的"活动"是动词，可是"我对课外活动很感兴趣"的"活动"则就是名词，同词性异，又岂能一概而论呢？又如，旧语法解释词类道："名词是人、物、事的名称"，"代名词是代名词的词"，"前置词是显示词句关系的词"……这些界说，细细想一下，真是滑稽得很。它告诉了我们什么呢？可以说一些也没有告诉我们，只是同词的重现而已。这样的语法对于我们自然没有实际的助益。

新的语法应该站在动的观点上。这并不是标新立异，实际上我们有这样的需要。所谓动的观点，也毫不离奇，具体地❶说，就是从词句的运用上和与其他词句的关联上着眼。例如：名词是什么呢？"名词是人、物、事的名称"，这是站在静的观点上的旧语法。新的说法就要从名词的运用上着眼来分析、区别。例如说："做一句中主词、承受词、补足词的是名词。"（详解见后）这样的说法为什么比较对呢？那就是因为比较切合于我们的写作实践。我们写作时真正要注意的倒不是名词是人或物或事的名称，而是在什么地位

❶ 地：原书为"的"，下同。

用了名词才准确。只有站在动的观点上的语法才能踏实地指示出词句的用法和构句用词准确性的标准来。

问：照你那么说，词类大概是要废弃了吧？

答：不。词类为什么要废弃呢？词类对于我们实际写作上是有着不少帮忙的。

但是，旧的词类确也有几种缺点：

第一是旧的语法没有准确地理解词的涵义。譬如，"你快快爬起来吧"句中的"快快"和"爬起来"都是不可分割的词，因为它们各自只表达一个整个的意义。"快快"的意义并不等于"快"加"快"，在情调上前者比后者加重了许多。"爬起来"也不能说等于"爬"加"起"加"来"，它表达着一个动作。旧的语法，往往把词割裂开来，以单字为基准来理解、分析，这样是把握不到词的准确意义的。

第二是旧语法关于词的分类的标准非常含混。谁都知道的，旧的词类是名词、代名词、形容词、动词、助动词、前置词❶、连接词、惊叹词。词类的区分本以其文法职能（Grammatical Function）为标准，说得详细一些，即是以一词对于句子的构成发生什么本质的作用为标准。

单就这一点论，惊叹词便不应与名词、代名词等并列为词类，因为惊叹词对于句子的文法构成丝毫没

❶ 前置词：在文法里是一种介词或助词，其作用为建立受词（多半是一个名词词组）与句子中其他部分的关系，通常用来表示位置或时间。

有影响。例如："啊！你来了！"的"啊"字，或存或废，都不能说使原句文法组织起了什么变化。惊叹词只是一种声态的符号，旧语法的列为一种词类是不当的。再如，连接词的职能其实和标点符号并无多大区别，把它列入词类，也不恰当。例如，"张君和李君都到了"，这句也可以写成"张君，李君都到了"。由这里可以看出"和"这一连接词其职能是和逗号（，）❶相同的。添一连接词，删一连接词，在文法机能上简直毫无变更。这足证把连接词看作和名词、代名词等并列的词类也是不对的。旧语法的烦琐、不切实际就在这些地方。

问：照你说，词的分类应该如何呢？

答：讲词的分类以前，我们先要讨论一下文法的单位。

普通文法书上把文法的单位分为三种：一是字（Words），二是字组（Phrases），三是句子（包括子句Clauses）。集"字"为"字组"，集"字组"则为句。这样的看法对不对呢？我以为不对。文法的单位有两种：一是词，二是句（包括子句）；讲中国语文法，如此的分类似乎更妥。以为字的数量加了就可以成字组或句的是单看到量的变更、形式的进展，没有注意质的变更、内容的进展。

❶ 此处使用逗号是民国时期的用法，按照现代标点符号用法规范，应该使用顿号。

为什么我要把字组纳入词呢？所谓字组，照旧的语法说，主要的不外两种：一是作形容词用的，叫做"形容字组"（Adjective Phrases），一是作助动词用的，叫做"助动词字组"（Adverbial Phrases），至如动词字组、名词字组之类，则仅仅是在动词、名词前后丽❶以"附加语"（Modifiers）而已。这样看来，字组的职能不过是作形容词或助动词，和词也没有多大的差别。再说字组的组成在我国语言文字上，其实和词也是一样。为什么呢？我们知道所谓"词"就是表达一个完整意义的。单字固然可以为词，但多半的词却不是单字。人的生活繁复了，语言文字也就不得不孳乳起来，词儿的联缀便由这一需要而产生，久而久之，或由声音之变动，或由义字之省略假借，一词的涵义全然和单字意义的总和不同。譬如现在常见的"打游击"决不等于"打"加"游"加"击"。古人口中的"道"字几乎无所不包，后来变为"道路""道理"等等，到现在"道"字几乎失去它孤立的意义而存在乎与他词的联系之中。在我国语文中，"词"和"字组"并没有严密的界限可分。根据以上的理由，我要把字组纳于词中。

问：现在请你告诉我词的分类吧！

❶ 丽：此处指附丽。

答：依据我上面对词所下的界说，我主张分词
为（一）实体词❶，（二）形容词，（三）动词。连接
词和惊叹词，我根本取消了，理由见前。再分得详细
些，实体词包含名词和代名词两种。形容词包含"静
态的"和"动态的"两种，而所谓"静态""动态"形
容词中又包括附加和不附加旧语法所谓"前置词"的
两种。名词、代名词是什么？那恐怕不需说明。静态
形容词是什么？那是指述说实体词静态的一种，譬如，
"空山"之"空"、"深夜"之"深"就是。什么是动态
形容词？那是述说动词或事物静态动态之程度的一种。
譬如，"快跑"之"快"、"很红""很快"之"很"就
是。无论静态的或动态的形容词，都有附加前置词的
一种，譬如"原来在我前面的马反落在我后边了"句
中的"在我前面的"便是附加前置词——"在"——
的静态形容词，"在后边"便是附加前置词的动态形
容词。

问：你为什么提出这样的词类分法呢？

答：上述的分法表示了一个与旧语法不同的观点，
这便是，上面已经提到的，改静的观点为动的观点。我
所以把词分成实体词、动词、形容词三种是因为写作的
实际经验告诉我们，这三种词才是构成句子的主要单位，

❶ 实体词：旧称名词与
代词为实体词。

对于它们涵义、职能的充分了解是写作的必要条件。

问：这三种词在句子中怎样用法呢？

答：就严格的文法职能说，实体词和动词或形容词构成了句子不可缺少的两个部分。这是最简单的答案。

我们先要知道，句子在论理学上就是一个命题（Proposition）。所谓"命题"，总得包含一个主词和一个宾词。主词、宾词，名称虽似生涩，其实意思是很易明白的。譬如张君和李君谈话。张君问道："京沪线最近有什么新闻？"李君答道："我们的游击队将总攻上海。"张君如果听不清，也许要问道："什么人总攻上海？"李君必须着重地回答道："游击队。"这时又有一位先生插入，只听到"游击队"三字，便会问道："游击队怎样？"解释"怎样"，李君告诉他是"总攻上海"。到此，我们再不会有什么不明了的地方，换句话说，就是已经得了一个完全的"命题"。由上一例子看来，一个命题第一要说出"什么"，第二要说出"怎样"。回答"什么"的，文法书上叫做主词；回答"怎样"的叫做宾词。说了"什么"不说"怎样"或是说了"怎样"不说"什么"，别人听着便会莫名其妙，因为就论理学说，这不成为一个"命题"，就文法学说，不成为一个句子。

★ 无论在言语或文字上，述说一句中的"什么"的词便是实体词，述说一句中的"怎样"的词便是动词或形容词。

21

无论在言语或文字上，述说一句中的"什么"的词便是实体词，述说一句中的"怎样"的词便是动词或形容词。例如：

主词（什么）	宾词（怎样）
中国	抗战（动词）
马	肥（形容词）

问：我希望你说得更详尽些。

答：细究起来，实体词的用处原不止如上所述，形容词也不一定在宾词部分中，"肥马"的"肥"、"轻裘"的"轻"便是例证。

实体词除主要作主词外，还有如下的用处：

（一）上面已经说过，一句总得说出"怎样"来，很多的"怎样"是人物的动作，例如：花"开"，全民"抗"日。"开""抗"都是动作。再细细比较一下，我们马上就可发现❶这两种动词有些不同："花开"的"开"并无下文而命意已全，但"中国抗日"的"抗"字后不能没有"日"字，不然"抗"什么呢？意思不完全，句子的组织也像破碎了一样。和"开"相类的动词很多，譬如"鸟飞"的"飞"、"日出"的"出"；和"抗"相类的动词自然也不少，例如"我爱国家"的"爱"、"他攻击别人"的"攻击"。前一类，文法书

❶ 发现：原书为"发见"。下同。

22

上叫做"不及物动词",意思是这类动词没有实体词承受其动作;后一类则叫做"及物动词"。及物动词后的实体词叫做"承受词"(Object),例如上述例句中"抗日"的"日","爱中国"的"中国","攻击别人"的"别人"。作这些承受词的是什么?都是实体词。

(二)实体词还可以作"补足词"。什么叫做"补足词"呢?例如:张君问:"中国的最大敌人是谁?"答案是:"中国的最大敌人是日本帝国主义。"这样句子的构成和上举的例句是不是一样?不是的。这类句子的"怎样"是"是"或"不是"。说"是"或"不是"的下面自然要添出另一个"什么"来补足意思。如果你说"中国的最大敌人是"这样的句子,不是等于没说什么?以"什么"来补充"什么"的叫做补足词,作补足词的是实体词。

★ 实体词还可以作"补足词"。

问:把一个词认定是哪一类词,我们就不会有文法错误了,是不是?

答:一个词属于哪一类词,是无法认定的。这话当然不是说词的分类可以随随便便,只是说一词的属于哪类要从它的用处和同他词的关系上去辨识。例如:

(一)实体词可以作动词,如"大家要献身于救亡工作"的"工作"原是名词,但在"他们都很努力地工作着"的"工作"则为动词。

（二）实体词可以作形容词，如"学校"原是名词，但"我常常回忆我的学校生活"句中的"学校"则为形容词，又如"我们""你们"原是代名词，但在"我矢忠于我们的国家"的"我们"，则也变成了形容词。

（三）形容词可以作名词，如"傲慢"原是形容词，但在"他的傲慢引起许多人的不满"句中的"傲慢"则是名词。

（四）动词可以作实体词，那是不消举例证明的了。动词还可以作形容词用，如"许多志士为民族解放奋斗"的"奋斗"是动词，但在"奋斗的结果便是独立自由之获得"句中的"奋斗"则是形容词。

以上的例句给我们证明，一词的属于哪一词类并不是一成不变的。

★ 一词的属于哪一词类并不是一成不变的。

问：关于句子，我们应该注意些什么？

答：句子的意义，上文已经说过了。现在要讲的是句的基型。

问：何谓句的基型？

答：粗看起来，句子的形式千变万化，复杂得了不得。但细加分析一下，我们便可知道一切句子不出三种形式，这三种形式，我叫做基型。句的基型，可以看作句子的规范、尺度，有了规范、尺度，便易测量出所写的句子有没有错误。所以，对句子基型的把握是构句的必要条件。

问：是哪三种基型呢?

答：让我先拉杂❶地抄一些简单句子如下：

> 思想的起源是大的疑问。
> 人能祛迷信而持理性。
> 桃花流水杳然去。
> 必须记住而且遵守的是"取精用宏"四个字。
> 屠格涅夫写一个口才极好的漂亮的青年罗亭。
> 窈窕淑女，君子好逑。
> 万径人踪灭。
> 通常所谓环境只是人物所在的氛围。

句子怎样组织的，上文已经说过了，我们就根据上面的话把以上的句子分析一下，格构相类的安在一起，如是则可得下表：

主词	宾词
桃花流水	杳然去 *
人踪	万径灭 *

*"去""灭"便是上文所谓不及物动词。

主词	宾词	
	及物动词	承受词

25

续表

人	能 持	祛 迷信 理性
屠格涅夫	写	一个口才极好的 漂亮青年罗亭
君子	好逑	窈窕淑女

主词	宾词	
	系词 *	补足词
思想的起源	是	大的疑问
必须记住而且遵守的	是	"取精用宏"四个字
通常所谓环境	只是	人物所在的氛围

* 系词（Copula）就是连接主词和补足词的词，通常是"是""不是"这一类字。

看了以上三表，我们便得出一个结论，句子的基型确然只有三种。第一种的构成部分是主词加上不及物动词，第二种是主词加上及物动词和承受词，第三种是主词加上系词和补足词。我们可以写成公式如下：

第一句型＝主词＋不及物动词

第二句型＝主词＋及物动词＋承受词

第三句型＝主词＋系词＋补足词

问：简单的句子诚然可以还原于你上面所提出的句型，复杂的句子恐怕不行吧？

答：复杂的句子还是一样。所不同的是内部的构

★ 句子的基型确然只有三种。

26

造。内部构造怎样不同呢？这须得说一说。

　　所谓句子"复杂"，不外两种意思，第一是句子主宾词两部分的庞大，例如上引例句云："通常所谓环境只是人物所在的氛围。"这句的最简单的形式可以写成："环境是氛围"，加了"通常所谓"，主词便见复杂些，加了"人物所在的"，宾词便见复杂些，如此一类，其效果乃是修辞的（Rhetorical Affect）或理论的（Logical Affect）而无关乎文法，所以这种句子只是庞大而其实并不复杂；另一种则涉及文法，那就是在句中主宾词部分加上一个乃至多个的"子句"。什么是子句？就是一句中自身已经合乎上述句型的部分。例如，"有人以为搜集材料根本就是敷衍的不切实的办法。"这句所以复杂，并不因为字多，而是因为其中含有"子句"。就全句而论，"有人"是主词，此下是宾词，但在这宾词中包含有一个"具体而微"❶的句子，"搜集材料根本就是敷衍的不切实的办法"，这便是子句，它本身具有句子的组织，可只是句中的一部分，其职能和一个词——在这里是作实体词用——并无区别。我想再举一例句，以比较第一类和第二类的复杂句：

　　　　有一位作家抱了"搜集材料"的目的，跑进了某一特殊的生活圈子，"观光"了这特殊生活圈

❶ 具体而微：整个形体都已经具备了，只是形状和规模比较微小而已。具，具备；体而微，形状和规模微小。

27

子里的几个重要场面，观察了这特殊生活圈子里的一些主人公和从业员，和他们作了谈话，很细心地记录了他们的谈话，经常地留心着报纸上的关于此特殊生活圈子里的一切动态的记载，读了许多与此特殊生活有关的书籍，报纸上的记载剪下来，书籍上的抄下来，凡此一切"材料"，剪报、抄书、谈话记录、观察和"观光"时的扎记，都细心地研究了，在他觉得材料够用的时候，他才开始创作。

这是一个长句，复杂不复杂呢？在"在他觉得……"云云以前，句子虽长，虽很庞大，但结构是简单的，因为其中并没有一个子句。全文的主词是"一位作家"，此下的"跑进""观光""观察""作了""记录""留心着""读""剪""抄""研究"都是动词，作为宾词中的并列部分。从"在他"起到文末，虽然较短，句子的组织却是复杂的，因为"在他觉得材料够用的时候"是个子句。

复杂句为什么也不出上述的三种句型呢？那就是因为子句是当作一个词用的。譬如"有人以为搜集材料根本就是敷衍的不切实的办法"中的"搜集材料根本就是敷衍的不切实的办法"一子句，是作实体词用的，因为它作这句中"以为"的承受词，好像"我想他"的"他"一样。"在他觉得材料够用的时候"一子

★ 复杂句为什么也不出上述的三种句型呢？那就是因为子句是当作一个词用的。

句则作动态形容词用，因为它是述说"开始创作"这一动词的。此外，子句有时作静态形容词用，例如，"你昨天遇见的那个人现在何处去了？"一句中的"你昨天遇见的"是一子句，作什么用的呢？是作静态形容词用的，因为它述说及"人"这个实体词。

单是庞大的长句和文法组织最复杂的句子都不越乎三种句子基型以外，所以对句型的把握是学习文法的一个基本的步骤，愈是复杂的句子，句型愈是需要的矩尺。《文学修养的基础》❶的作者伊佐托夫说："假如不愿永远停滞在那种自己不知道处理自己的言语而闷得发焦发烦的儿童般的状态的话，则一切的作家都非从根底上去把章句法学好不可。"这话是需得习作者深思的！

❶《文学修养的基础》：伊佐托夫著，沈起予、李兰译，三联书店1951年初版。

第四讲　写作的基本技术

问：我们之中，一部分人在吃着别人家的饭，一天忙到晚，根本就很少练习写作的机会；另一部分人，躺在家里，事情找不到做，书找不到读，在帮帮爸爸妈妈添手脚之余，偶尔写一篇两篇，写好了也找不到人请教；这样，我们自然写不好的了。可怪的是：他们有机会进中学、大学的，有教师专门教写作的，为什么也写得不行呢？最近听几个亲戚在中学、大学里读书的谈起他们学习写作的情形，才恍然明白原因的所在。据他们讲，大学里不必说，过了一年级二年级，就几乎全无国文的写作训练，在头两年，教师认真一些，两三个星期写一篇，教师随便一些，一学期缴两

★ 他们有机会进中学、大学的，有教师专门教写作的，为什么也写得不行呢？

三篇就可以算"无忝厥职"❶。在中学里，普通是两个星期作一篇文章，整整的一年，作不满二十篇文章。练习的机会这样少，哪里会写得好呢？

由此看来，增加写作训练的机会，成了求写作进步的最重要条件；这一点在我们，却正大大地生了问题。要腾出时间来写作，在我们这一班自幼失学的从业人员，简直是不可能的。"吃人一碗，听人使唤"，哪里容我们同文人雅士一样，常常搬弄笔头？就是能进正式学校的朋友们，要是还想从教师那里争取更多的训练写作机会，恐怕也很少可能。学校里每级的学生都招得很多很多，教师教书以外，又得顾许多新要儿，忙得气都喘不过来，再加多少改卷工作，事实上是办不了。这样说来，我们的写作训练，不是好像没有法子可想么？

答：不！绝对不！我们现现成成有一条路走，是我们自己把它蔽住了，只要把这条路认清，我们的写作是准有办法的——这条路，就是"口头作文"。

我们关于作文，大家都有一个错误的观念，就是一说到作文，我们联想到的仅仅是用笔在纸上飕飕地写那么一回事。作文只是"写"文章，除掉用笔以外，都与作文没有关系。这样错误的作文观念，造成两项

❶ 无忝厥职：应为"毋忝厥职"。毋：不要；忝：辱，谦词；毋忝：无愧于；厥：其。不要辱没自己的职守。

不好的结果：第一，作文既非提笔不可，而提笔这回事又只是少数人在一部分时间内干着，因此作文这回事成了超乎平常人生活的工作，作文的人也就同牧师们一样地成了另一种人群。第二，用笔写的以外，既不看为作文，自然不会以对付写作那样谨饬的心情来注意与检点。在我们实际生活中，用笔作文的时候只占了极少的一部分，此外我们同样地在表达我们的思想情感，但不用笔，认真与注意的时候少，随便与忽视的时候多；这样的"一曝十寒"❶，文章自然不会作得好。

事实上，我们作文，除掉用笔，还有一样非常重要的工具，就是我们的嘴巴。我们用笔表达我们的思想、情感，但有更多的人更经常地用嘴巴作着文章。世上到现在还有许多人不幸地不会动笔，可是没有人（官能有缺陷的除外）不会用嘴巴说话。我们可能地几天不动笔，但没有人可以一天不开口。作文有这么一条大路在，我们偏偏忽视了，这真是非常奇怪的事！

似乎应该附带讲一讲用嘴巴说话和作文被人强迫分家的缘由。最大的原因是在写文章的这一种技能被一部分人包办了去。在合理的而且最平凡的情形之下，写文章本是生活中的一项，如穿衣、吃饭一样普通。

❶ 一曝十寒：原意是即使是最容易生长的植物，晒一天，冻十天，也不能生长。比喻学习或工作一时勤奋，一时又懒散，没有恒心。

人人会穿衣、吃饭，人人便会写文章——自然这"会"字包括着相当的学习过程在内。在这情形之下，说话和动笔都是等列的作文的工具，绝对没有什么高低、雅俗等等的区分。再就社会的情形说，如果每个人有均等的识字、受教育的机会，那么谁都能写文章，写文章自然不成为某些人的特殊本领。但在我们过去的历史中，从一个时期起，社会上有了阶层的对立，识字、受教育的机会，不是给每一个人均等地享受着，于是写文章的技能，便不是任何人都具有。从这时开始，社会上有了一批专门写文章的人，他们靠这项本领取得社会上的地位，发财做官，讨主子们的喜欢。他们的文章是为着别人作的，是为着发财做官这一类目的作的，主子爱怎么说，他们便怎么写，久而久之，他们写的一套，内容格调都另成一个样子，不为大家所懂，而且作起来像煞有介事❶地要费一番神思时光，穷忙的人也闹不来，他们作的这一套既然叫文章，别人嘴里讲的唱的便不成其为文章了。写文章的人在那里这么宣传，大家苦于没法拆穿这西洋镜❷，也只好将信将疑，他们一见此计得逞，于是变本加厉地大吹大擂起来，说嘴里说的是俚俗❸的，算不得文章，笔下写的是文雅的，这样才算是文章。主子听了他们的

❶ 像煞有介事：又作"煞有介事"。原是江浙一带的方言，指装模作样，好像真有那么一回事似的。多指大模大样，好像很了不起的样子。

❷ 西洋镜：指旧时西洋（欧美）传入我国的一种逗乐装置，因根据光学原理要暗箱操作，所以显的有些神秘，而一旦打开后，里面不过是几张图片而已，也就一点不稀奇了。"拆穿这西洋镜"指伪装被揭露或骗局被揭穿。

❸ 俚俗：粗野庸俗。

33

主张，觉得也深合乎自己的脾胃，便和他们呼应起来，一用硬功，一用软功，结果，作文就只是写文章，嘴里说的算不得数，竟成了定案。

我们应该克服这样错误的观念，我们不要囿于成见，把自己训练作文的路弄得很狭隘。我们更要充分利用日常生活里决不可少的口头作文的机会。我们应该以很大的注意力来检点、商榷❶ 我们口头作文的改进。还请读者注意：我所提出的并不是一个补充的、辅助的办法，而是一个积极的、根本的办法。我提出这样的意见，并不是因为写作的机会无法可得，才想出这样"不得已而思其次"的办法，反是把它看作可以决定写作进退的"根本大计"。诸位很少用叮叮当当的古文，表达自己的思想、情感了吧？既然用现代语作文，那么言文的关系自然更见密切。怎样说的习惯控制了怎样写的一层，往往被人忽视，这值得我们在这里特别提起一下。现在有一个例，我有两个妹子，作文各有一个特殊的毛病，一个喜欢滥用"那么"，一个喜欢滥用"但是"。她们常常寄些文章给我看，我替她们修改时，不知要剔去多少的"那么"和"但是"。我给她们一次一次地改，一次一次地批，可是她们的文章中照例地不缺少"那么"与"但是"。最令人发笑

❶ 商榷：商讨、讨论、协商的意思；用于比较正式的函件。

的是一个妹妹来信质问我说："你帮我划去了这许多'那么'，我不用'那么'，那么用什么呢？不用'那么'，那么不是文章不接气了么？"我改得简直有些智穷力竭了，细细把这问题注意一下，才明白她们的困难不在文字，而在口语习惯的不良。把"那么""但是"在嘴上说滑了，不知不觉深深地影响了文字的运用。此后我在她们说话的时候，极力留心，一听得就帮她们改正。这样隔不多久，不单她们说话里减少了"那么""但是"，就连文章里也不见同从前那样地滥用。这足以证明：注意口头作文训练，乃是根本的而非枝节的办法。

★ 注意口头作文训练，乃是根本的而非枝节的办法。

怎样训练我们的口头作文呢？我以为，除掉自己随时切实检点外，要约几个生活在一起的人相互批评，相互矫正，这也可以说是一种集体的方法。单靠自己是不够的，因为谁都有对自己护短的毛病，而且有好些错误，人家不提醒，自己总以为不错的。这办法实施起来非常方便：可以不用笔墨纸张，自然更无需"明窗净几"；地方可以在柜台旁边，新货铺前……什么地方总行；材料不必等候先生出题，兜生意的一篇话，讲价钱……什么文章内容总行；一切都是属于实生活的，因此全是活生生的，我们可以一面做生意，一面注意人家的话，分析批评人家的话，能用笔记下一点两点更好，要不能，默记在心，等休息时大家再提出来交换意见亦可。用这样的方法训练作文，与职业或其他工作都无妨碍，老板经理，自然不能阻止，可谓方便而收效大。至于正正式式上学校的朋友们，施用这方法，更是一无困难。

★ 在我们大家相互检点、批评说话的时候，可以注意内容与形式这两方面。

在我们大家相互检点、批评说话的时候，可以注意内容与形式这两方面。在内容方面，我们说话的通病，就是材料的没有组织，或者没有条理，乱七八糟，或者没有中心，废话连篇，当说的说得不够，不当说的倒啰嗦了一大阵。怎样使所说的话有精密的组织，这是我们自己说话及批评人家说话时应该非常注意的一点。要做到这一层，无非先认清自己要表达的意思的中心所在，然后依据这中心把所要说的材料加以编审，把与中心无关的删除，将与中心有关的按照一个适合的顺序排列编配起来。这一种训练，进一步讲，可以看为一种思想训练，其意义还不止在使我们的说话组织化而已。关于形式方面，我们说话也有几项通病，例如句子构造的过分的省略、词语滥用等。我们注意小孩子和一部分人的说话，他们往往把句子省略得使人家听了可以不懂或误会意思。因辞害意，这自然要改正的。选词在我们说话中，往往随随便便，不仅说不上"精辟"二字，甚至有时还欠通。譬如，作者有一次向一位朋友募捐，他说："我这几天没有钱，没有法子捐了，请你向主动人说明一下。"这里，"主动人"一词显然是用错的，"主动人"应该说是"发起人"。像这样的错误，在我们说话中，是很多很多的，随时都得注意。

以上所举的说话中内容与形式两方面的毛病，其实也就是我们文章中的毛病。说话时不留心改，文章里要想免去这样的毛病，根本是很困难的。只要说话肯认真检点、矫正，便增加很多的训练机会，这样，作文没有不会进步的。

★ 只要说话肯认真检点、矫正，便增加很多的训练机会，这样，作文没有不会进步的。

问：无论是说话或是写作，特别是后者，我都有辞不达意的苦处。说起来恐怕有多人和我怀着同感吧，在要表达心中的意思或感想时，心里仿佛有这么一回事，但嘴边和笔上都无法表达出来，这真是一件苦事，请教有什么办法？

答：你的毛病似乎不全是表达的问题，但我不妨先就"搜集词汇"一点说一下，一般地说来，辞不达意的病源是在词汇太狭。没有准确的词儿表达意思和印象是写作者的通病。小弟弟看见了大建筑物，不晓得怎样形容才好，只会说："大！大！"他不会说"壮丽""伟大"这一类的字眼。小孩子游过一个名园后只会说"好玩❶"，他缺乏"幽雅"这一类的词儿。我的妹妹几次和我谈起她的一个学友，说她讨厌，问她这人怎样，她总说不出来，等我和这学友见过后，始知她是个"鄙吝"的人，妹妹讨厌她的"鄙吝"，但说不出"鄙吝"这一词来。要说清楚自己的意思，不致为人误会误解，第一就须充实词汇。其次，我们读一些中小学生的作品时，往往觉得非常单调、累赘，那是因为他们的作品中的词儿重复得太多。《文学修养的基础》中对于这一点有下面的一段话，现在录下以代说明：

请各位试熟读玩味下面的例。这是关于相当边鄙的村落中的能读能写的进步的农民的事。前面的是单调的话，后面的是订正过的话。

（一）如若有知道土地部是否发生了什么变动的必要，人们就马上到彼德那儿去了。如若有写愿书的必要，就再到他那儿去。如若有读新闻的必要，还是到他那儿去。

（二）如若有知道土地部变动的必要，人们便马上到彼德那儿去，到了要写愿书的时候，也是往那儿跑。如若想要读新闻，到村中到处去跑与请问彼德，都是一样的。他——还是青年人呀。

初从事写作的人，无论谁总难免不在插入对

❶ 好玩：原书为"好顽"。下同。

话的地方便感觉对于文句很不会处理。在人物的话语之后或前，他们一定要无限制地反复着"他说了"或"他讲了"的话。可是这种话语，例如一次用"他说了"，第二次用"讲了"，以后则写"回答了""讲述了"，有时又用"感着有趣""讯问了""明讲了"以及其他的话语来加以变更，并不是容易的事。

上文中的第（一）句和第（二）句，优劣判然，原因是第一句用了三个"必要"，而且句子的构造也一无变化，太嫌单调了些。

以上所讲的还只限于消极方面，就积极的效用说，欲求文字的优美，那更非充实字汇不可。若使字汇不丰富，又何从比较，何从选择？至多只能达到没有错误的地步，这就写作的进境说，是很不够的。中外古今的作家对用词没有一个不下功夫，苏联名作家法捷耶夫❶说："要把自己所想象的一切，自己脑海中所活现的一切准确地解释明白，要辞能达意，需要对修词多下功夫。俄语是很丰富的，表白某一概念，有好多的词可用，要会使用那能最确当、最巧妙地表达激动艺术家的思想的词。但是这很不容易，这需要对修词下苦功。"法捷耶夫为用词曾经怎样地努力呢？据他自己说："每一章要修改多次，有的章回，曾修改过二十

❶ 法捷耶夫（1901-1956）：苏联著名作家，代表作有《逆流》《毁灭》《青年近卫军》等。

39

❶ 莎士比亚（1564-1616）：英国文学史上最杰出的戏剧家，也是西方文艺史上最杰出的作家之一，全世界最卓越的文学家之一。代表作有《哈姆雷特》《奥赛罗》《李尔王》《麦克白》等。

❷ 普希金（1799-1837）：俄国著名的文学家、伟大的诗人、小说家，及现代俄国文学的创始人。代表作有《叶甫盖尼·奥涅金》《鲍里斯·戈东诺夫》《黑桃皇后》等。

❸ 莫利哀：通译为莫里哀（1622-1673），法国喜剧作家、演员、戏剧活动家。法国芭蕾舞喜剧的创始人。莫里哀是法国17世纪古典主义文学最重要的作家，古典主义喜剧的创建者，在欧洲戏剧史上占有十分重要的地位。代表作品有《无病呻吟》《伪君子》《悭吝人》《唐璜》等。

次以上。我修改次数在四五次以下的章回，在我作品中是没有的。"这样的刻苦，自然是法捷耶夫成功的主要条件，值得我们取法的；但他一定有丰富的字汇，才能一再地修改，不然搜索枯肠，不着一字，也还是无用。据说莎士比亚❶所用的词有一万二千个，普希金❷所用的有一万个，莫利哀❸所用的有七千个（见《给初学写作者的一封信》）。作家之成功与其蕴储字汇之关系，由这里很易窥见。

问：搜集词汇的重要，我是知道的了，可是怎样搜集才对呢？

答：搜集词汇的最普通的方法便是利用字典词书这一类工具。有时要找特定的名称或专门的词语，那自然非靠上述一类书不可；但是这些书决不能看作"搜集词汇"的唯一来源，因为它们究竟是"死水"而不是"活水源头"。坊间有一时流行着《描写词典》这一类书，有人作文，喜欢从这类书上生吞活剥地摘录一些词语来应用，结果弄得很生硬，很不自然。他们不知道一个词的适用与否仍决于全句以至全段的命意与情调。单提一个词看，有什么好不好。词书不妨用，但不要给它束缚住了，这一点很要紧。

搜集词语的第二个方法是多从书上摘录。一般人看书，往往把它轻易地放过去了，不肯用心注意其中的用词。书上常有我们想说而写不下的意思、印象，作者轻轻松松地用一两个字眼表达了出来，这些都很值得我们取法。有人觉得多看书后下笔不致十分枯涩，一部分的缘由便是不自觉地把词汇扩大了。书上摘录下来的词语比翻阅词书所得的要有用些，因为看书时不但理解了一词而且把握了这词在全句全文中的用意。不过，对这办法，也不要信赖过甚。曾有一个时候，有人说，如求词汇丰富，可读《庄子》❶《文选》❷；这话很为一般人所嘲笑。在我国文学遗产中，《庄子》《文选》不是好书，这话当然不能说，可是时代变了，人的生活变了，过时代的词儿也死去了，还要从故纸堆里去找活词儿，自然是件办不到的事。

因此，搜集字汇的最好方法还是从实生活中求。不过，这话也不能解释得太笼统❸，太笼统就有些神秘似的。所谓从实生活中求的意思便是：我们应该随时随地去注意各色各样人，无论在嘴上抑或是纸上，表情达意的字眼，是文雅的词儿也好，是俗恶的字眼也好，都得记录下来。

我主张每一个习作者都要准备一本簿子，经常地把所闻所见的词语录下来，单是录下来自然还不够，

❶《庄子》：战国中期思想家庄周和他的门人以及后学所著。书分内、外、杂篇，原有五十二篇，乃由战国中晚期逐步流传、揉杂、附益，至西汉大致成形，然而当时流传版本，今已失传。目前所传三十三篇，已经郭象整理，篇目章节与汉代亦有不同。内篇大体可代表战国时期庄子思想核心，而外、杂篇发展则纵横百余年，参杂黄老、庄子后学形成复杂的体系。

❷《文选》：又称《昭明文选》，是中国现存的最早一部诗文总集，由南朝梁武帝的长子萧统组织文人共同编选。萧统死后谥"昭明"，所以他主编的这部文选称作《昭明文选》。

❸ 笼统：原书为"拢统"，下同。

41

他必须不断地练习运用记录下来的词，在写作的时候，尤应尝试应用（但不应"硬拉"），使每一个词，原是人家口中笔中的，消化成自己的骨和肉，这时不但不会有下笔枯窘❶之苦，而且用词巧当，还可以造出新的意境来。

词汇簿的格式拟定如次：

词　出处　省义　原用文句　习作　备注

问：我用词往往嫌重复，那又该怎样办呢？

答：我想，你除照上表尽量搜集字汇以外，还可以做相类词及反义词的比较工作。什么叫相类词呢？这不一定限于意义之相类，最要注意的倒是那些有字声音相同或意义易混的词儿。例如，"流通""流动"是相类词，一不小心，就要用错的。我至今还记得在一次会议上，讨论到下届会议地点的问题时，一位先生站起来说，"我们既没有很多的经济，自然只能在原址开会。"他应该用的字眼是"经费"，却说错了，成为"经济"。"经费"和"经济"是相类词。什么是反义词？那就是意思相反的词儿，例如"善"与"恶"、"美"与"丑"……相类词与相反词是很有用的，你要尽量地搜集，成为另一词汇簿，有了这一类的丰富字汇，自然文中不致有重复、累赘❷的毛病。

❶ 枯窘：枯竭贫乏。

❷ 累赘：拖累；麻烦。

42

问：我想请你讲一些关于搜集材料的问题。有人以为搜集材料根本是不当的，这话对么？

答：这样的议论，我也听见过，有些诗人样的人非常鄙薄作者像猎人行猎似的搜集材料。记得在哪里看见过一篇文章说有一个习作者在街上东钻西跑，人家问他做什么，他说是材料写完了，在找新材料，这篇文章的作者对这样的习作者大大地加以嘲笑。在我想，搜集材料并不是一件怎样可笑的事，在任何一个作家，尤其是"职业的作家"，恐怕都自觉地或不自觉地做过这样的事。有人说，一篇作品的内容应该是作者心中自然奔迸❶出来的东西，决不是东抓西拉得来的。我要问：作者"自然奔迸"的东西是从哪里来的呢？无论哪样的材料，总不能说体于客观的事象吧？"东抓西拉"，其实还是一样的，只是作家把材料酝酿到相当纯熟的时候，才写作罢了，所以这样的话拿来警戒写作者的浮躁的动笔则可，拿来反对"搜集材料"反是因噎废食了。试问：把"搜集材料"之门都封锁后，叫一般初学写作者往哪里去呢？

问：我想作者应该"充实生活"。

答："充实生活"这句话原是不错的，但说得太多了，成为滥调。有些人虽然提出这样的"口号"，其

❶ 奔迸：逃散；犹奔涌。

实这口号究竟是什么意思，并不明了。"充实生活"在很多人心目中是一句非常含混、非常神秘的话。怎样才能充实生活呢？对这问题，除掉一些诗篇似的美丽而空洞的话外，很少具体的回答。有人把充实生活理解为"充实生活经验"，也就是《给初学写作者的一封信》上"手触生活"一说，"手触生活"原也是很准确的见地，但又有人理解为"作者要写商市，便应参加商市生活，要写农村，便应参加农村生活"，这却又变成一种偏狭而且本末倒置的意见。作家不应为写作而生活，而应在真实的生活中写作。试想：在商市中、农村中，来了这么一个"超然的""游戏人间"似的商人、农夫，那商市、农村还成个什么样子？而且，为写作而参加的生活也不是真实生活，不真实的生活，对作者不成为最动人的材料。

关于"充实生活"另一狭隘的否定命题的见解是：作者的写作材料只能限于他自己的生活。对这种见解，我不必费词，只须摘录一个文评者的犀利的问话来反驳就够了：

> 一个初学习作者可以问：那么，只写自己的老婆、儿子，自然界，或者自己的机器用具，只写自己的工作，好么？

★ "充实生活"这句话原是不错的，但说得太多了，成为滥调。

（郎达 Landaw《论一封给初学习作者的信》）

恐怕任何人都不敢说这样办才对吧？

问：那么，究应怎样办呢？

答：就我国写作者的实际情形来讲，"周遍而又深刻的观察"还不失为搜集材料的一个具体的说法。这"观察"二字，当然不一定指"隔河看火"的意思，对于自己的生活圈子，也还是应该同样地周遍❶而又深刻地加以观察。

❶ 周遍：周全，全面。

所谓"周遍"的意思就是说，对于各方面的人、物、事，随时随地都得注意。一个作者应该和各方面的人物、环境接触，万不要单限于自己的生活圈子之内。作者的视野要宽广，然后他写作的材料不会流于狭隘和重复。有些人尽管写来写去，总是几个人物、几种故事，就是因为不能作周遍的观察之故。"周遍"的另一个意思是要作者对任何一件特定的事象作全面的观察。作家在观察一个人或一件事情的时候，都要从其特殊的地方看出一般性来——这就是所谓"典型"的把握。世间任何一事象都不是孤立的，它必然和其他事象密切地联系着，作者在观察一件事象时，千万不能忘记要从它的联系中去观察。

观察要求周遍，同时要讲深度。作者所要搜集的材料，不能以零碎的、琐屑的为满足，得来的无妨是断片零段，但这些断片零段，是人的一个面影也好，是事情发展的一瞬间也好，必须深刻地含有一个整个的意义。有人说：文学作品不要说述而要描写，这是对的，但为描写而描写，为表现而表现就是混话，描写表现之中应寓有"指示"，换言之，那是以具体的形象来指示社会的真理，文学和社会科学的一致性便在这里。

问：经你这么一说，怎样观察又成了问题的核心。

答：正是。观察事象的准确方法是一切作者必须把握着的。不过，你要知道，怎样观察是方法论的问题，也是整个世界观和人生观的问题。作者必须不断地以准确的自然与社会科学教育自己，纠正自己的错误思想，培育准确的观念。在对社会、人生、历史有着准确的理解时，这理解同时也就是分析人生悲剧喜剧，一切故事的利器。有着准确的人生观与世界观，社会上任何一角落里的一件小事才会在作者脑里有个安放的地方，一个准确的适合的地方。鲁迅笔下的"阿Q"，茅盾三部曲❶中的几个女性，在实生活里遇见的人恐怕很多，然而大家都把他们错过了。这不是一个写作的技术问题，主要的倒是方法与认识问题。

❶ 茅盾三部曲：指《蚀》三部曲，是茅盾的三部系列中篇小说：《幻灭》《动摇》《追求》。整个三部曲都是以大革命前后某些小资产阶级知识青年的思想动态和生活经历为题材。

所以每一个习作者都应该加深科学的教养，这是绝对不能忽视的一点。

问：剩下只有怎样保存所观察的东西一个问题了。

答：我正要说的，单是观察决不够，为写作计，必须经常地记录下来。记录的工作，可以分成两种。第一种是记录一些极零碎的东西，这好比作图时的点和线，是人物、景色、物件都可以。第二种是"速写"（Sketch），作者胸中的见闻积感如果多了，他不妨先作片段写述的尝试，例如写人不妨单写一个面影，写市民大会不妨单写开会前的情形，篇幅、剪裁自然要以他所感受的程度为断。我一向主张练习作文的进程不妨参考绘画，绘画训练的步骤先是学静物写生，起初还是小件东西，一部分，一断片，继续增多加大，然后是"动"物写生；至于大幅的下笔一定要在小品的普通的线条能勾勒准确之后，行文之道，其实亦应如此。所以，我竭力主张，初学习作者应该多多学习速写，写议论文应先发小议论，讲些小道理，务期小的能精到了，然后才写长的复杂的事情、道理。有些写作者一开头就立志成数十万言的巨著，那简直是荒诞不经❶。

我愿现在学校里担负指导学生写作责任的先生们

❶ 荒诞不经：形容虚妄离奇，不合情理。荒诞，荒唐离奇，极不真实。不经，没有引经据典。意思是少有的，典籍中也没有的（事），形容不合常理。

47

稍稍注意我上面的主张。据我自己的见闻所及，教师们往往不肯从小的地方先把学生训练起，反而鼓励甚至强迫学生作些大而无当的文章。听人说过，有一位先生到某一中学里去教国文，他第一次就出了"怎样削铅笔"一题叫学生作文，不特学生大哗，就是全校的国文教师也都诧怪。其实，这位先生的训练方法是很准确的，"削铅笔"诚然"无关宏旨"，可是说得清楚也颇费事。"削铅笔"都写不清的叫他去写旁的，自然更不行。叫学生作"汉高祖论""项羽论"的时期到现在恐怕已经过去了，但勉强中小学生写"怎样抗战建国""抗战必胜论""战时经济政策"一类大题目也还是和以前一样地错误。当然，中小学生不是不应谈抗战建国等等，但为训练计，不如请他们写一些在这大题下的小事情、小问题，譬如"献金记""你家乡保甲制度的缺点"等。写作训练的效率不好，还不甚要紧，最危险的是怕养成青年学生说空话、说鬼话的习惯，我认为现在青年的空疏❶、夸大的恶气习，一部分可以归咎于写作训练的不良。

问：有了材料之后，我们总可以"奋笔直书"❷了吧?

答：此前还须经过一个步骤，就是"写大纲"。

问：写大纲恐怕是不必要的吧? 不然，怎么有些

❶ 空疏：空洞浅薄，没有实在的内容。

❷ 奋笔直书：指精神昂扬地挥笔快速书写。同"奋笔疾书"。奋笔，提起笔来。

作家并不这样做呢？

答：这不足以作证据，写大纲，有人叫做"起稿"；起稿有的人在纸上，有的人却爱打腹稿❶。这是习惯的不同，但无论如何，大纲还是有的。尽管是走笔如飞的老作家，也要在吟哦❷之间，确定他作品的纲领。

问：为什么要写纲领？

答：这问题等于问：文章为什么要有组织？为什么要有条理？实际上这是不成问题的。上面已经讲过，组织、条理是作品的生命；写大纲，就是确定全文组织的骨干。这一工作非常重要：第一，有了大纲，好比造屋先奠定了屋基，不致东拉西扯，有漫无中心的毛病；第二，大纲既定，篇幅的比例、材料的增删都易于决定；第三，全文写就后往往难以检查其缺点所在，文章真是一种怪东西，自己看会越看越好，越读越顺的，在大纲中却易于检点，哪里应增，哪里没有联络，都可在这时候纠正。

问：大纲怎样写法呢？

答：这看各人的习惯如何，不能一定。不过就我自己所常做的说，则有两个办法：第一是把所要写的材料编成纲目，每一大纲之下，如果需要，则列上一些子目，子目之下，如果需要，再列上一些小节，终

❶ 腹稿：内心酝酿成熟以供表达的诗文构想。"腹稿"的典故，出自王毂写作的故事。《新唐书·王勃传》载："勃属文，初不精思，先磨墨数升，则酣饮，引被覆面卧，及寤，援笔成篇，不易一字，时人谓勃为腹稿。"《宋史·徐积传》中也有关于"腹稿"的记载："自少及老，日作一诗，为文率用腹稿，口占授其子。"后来，人们就把预先想好而没有写出来的文稿称为"腹"。

❷ 吟哦：指有节奏地背诵、朗读。

使所有材料包括无遗，同时材料的从属配搭，又非常准确而和谐。例如，我们要写一篇日本飞机轰炸广州的文字，假定作者人在广州，可作成大纲如次：

一、几周来的平静与警报初发时的惊慌情形：

（一）几周间敌机不来骚扰的平静状态：

（1）居民由乡纷纷返城；

（2）市况恢复以前的热闹；

（3）写这天阴雨，人们格外放心，以过渡到下节。

（二）警报初发时的惊慌情形：

（1）先写作者及家人的心理状态；

（2）次写街上秩序之紊乱 ❶；

（3）由喧闹写到寂静，以过渡到下段。

二、敌机轰炸的情形：

（一）敌机凌空投弹的情形。

（二）我机赶到后与敌机作战：

（1）我机阻敌机作战的情形；

（2）有数机逸去，向东郊投弹的情形。

（三）敌机逸去。

三、事后损失之调查。

作者有了如上的大纲，写起来比较要容易些，材料固然不会有漏落之患，篇幅的匀整、上下文的衔接，尤易控制。初写大纲的时候，一定有许多不整齐的地方、不必要的材料参杂其间，作者要细心地加以修正，

❶ 紊乱：（1）扰紊，扰乱。（2）杂乱；纷乱。

大纲的订成，也要费一番心思，不是"一蹴而就"❶的。

第二种写大纲的方式就是提问案。假定你想写一篇回忆故乡的文字，你可对这题目自己提出各色各样的问题，例如，我故乡的"明伦堂"还在么？我姨母家的花园恐怕已经炸毁了吧？有了这些问题之后，进一步你应该把它们整理一下，可以归并的归并起来，太琐屑的问题删掉，结果你差不多等于得了一个大纲，写作的时候，就可依着提问的次序先后，逐一回答，到末了便成了一篇完整的文字。

以上写大纲的习惯，我自己是从读书的经验中养成的。比较冗长或涉理较深的著作，读起来往往觉得摸不着头绪，以致一本书读完了，还是抓不住它的要义。因此一面看书，一面就进行写大纲，大纲拟就的时候，一切的内容也早经消化了。由于这样经验，有时想到作者或者在写的时候也是写好这样大纲的，这样的揣想，由自己写作的实践上证明其为有效。读书、作文时的写大纲都能帮助自己整理思想，使之有条理、有组织，这是无可怀疑的。一切习作者，应该养成这样的习惯。

❶ 一蹴而就：踏一步就成功。比喻事情轻而易举，一下子就成功。蹴，踏。就，成功。出自宋代苏洵《上田枢密书》："天下之学者，孰不欲一蹴而造圣人之域。"

第五讲 抗战期中关于写作方法的诸问题

问：你对抗战后的著作界有什么感想？

答：这次的对日抗战带给作家一个极活跃的时代。每一个作者都在这时代的洪炉中陶冶成有力的战士，风花雪月从文坛消逝了，性灵、幽默也不为一般人再提及，就是以前不为大家重视的鸳鸯蝴蝶派❶也走上一条新路，抗战为他们造成生活的理想。这些真是非常可喜的现象。

问：可是我们能不能说作家的一切活动都能令人满意，而著作界对于抗战建国已尽了最大的贡献呢？

答：那还不能。就抗战发生以来到目前观察，关

❶ 鸳鸯蝴蝶派：发端于20世纪初叶的上海"十里洋场"的一个文学流派。他们最初热衷的题材是言情小说，写才子和佳人"相悦相恋，分拆不开，柳荫花下，像一对蝴蝶，一双鸳鸯"（《上海文艺之一瞥》），并因此得名而成为鸳鸯蝴蝶派。这一派的早期代表作为徐枕亚的《玉梨魂》，是用四六骈俪加上香艳诗词而成的哀情小说。

于著作界应该商讨的问题正多，有些关于整个文化活动，有些又不在写作方法范围以内，不便在这本小册子中讨论，下面所提到的侧重在涉及写作方法的问题。

问：你在上文曾经提到通俗化问题，现在先就这一方面说一说。

答："通俗化"这口号，在我国文化界提出已经很有一些时候了，只是做得太少。抗战发生以来，文化工作之不能普及，证明了通俗化的迫切需要。

抗战以后刊行的杂志、小册子可谓多极了，原其用意，都是想利用这些文化的工具，加深群众对抗战建国的认识。可是，事实上，这些杂志、小册子所接触到的仅仅限于知识分子、中层阶级。在书局里穿梭似的出进的人都是些学生、青年、店友之流。曾经向一个发行杂志较多的书店问过一下，据告粗略调查的结果，订阅期刊的几乎百分之九十以上都是些学生青年，工农大众很少是顾主。是不是工农大众对抗战漠视，不愿意接受文化的教养呢？这样说法似乎也无根据。主要的困难恐怕是杂志刊物跑不进他们队伍里去。他们识字的还很有限，拿起现在那种适合知识分子程度、口味的读物来看，其难不下于读天书。这不能不怪作者的努力还不够。"通俗化！""通俗化！"这呼

★ "通俗化"这口号，在我国文化界提出已经很有一些时候了，只是做得太少。

声在最近又高响起来了。

可是，通俗化运动的推行还是不够得很。主要的理由恐怕是一般人对于通俗化观念的不准确。有些人把通俗化认为只是一种手段，一种不得已而思其次的手段。他们认为通俗化只能涉及一些肤浅的东西，因此这一工作，只需少数人去做就好了。他们不了解通俗化可以说是现阶段整个文化工作的目标，同时也是手段。

问：在方法上，目前的通俗化运动你觉得有什么应该改进的地方？

答：我觉得对于下列各点，应加注意：

（一）通俗化的作用可以六个字来包括："迎上去，提起来。"什么叫迎上去？就是，作品一定要自己能设法跑到大众的队伍里去，不是叫大众凑上来，而是要迎上去。但这"迎上去"的意义并不等于"趋奉"❶"迎合"。大众的意识上有着许多错误的渣滓❷，这是无可否认的。对于这些地方，通俗化作者不能因为求通俗，就从这些地方迎上去，那是不对的。譬如，极端的英雄崇拜是大众的错误心理之一。这种错误观念，正赖通俗化作者用"迎上去"的方法淘洗掉才对；可是有些人在写一些"民族英雄"为国牺牲的故事的时候，

❶ 趋奉：对某方面奉承讨好。

❷ 渣滓：剩下的边角料，物体取出精华后残留的东西；东西磨成的碎沫堆在一起；作骂人的话的时候，一般是指无用的，多余的废物。

根本就没有看到这一点，只求迎合大众的口味，把故事中主人翁的英雄性加倍渲染，这样作品，"迎"倒是"迎上去"了，通俗也可谓通俗了，但它们忽视了"提起来"的一个使命。通俗化作品必须以深入浅出的方法，纠正群众一些错误的想头，培养起准确的观念来。合"迎上去"与"提起来"，二者才是真正的通俗化。

（二）通俗化不能以一地方的语言为基准，而应多多地采取各地的方言。我跑过内地一些地方，见到有一些唱本❶流行于民间。这一类唱本，内容尽有差不多的，但在各地流行本的字句上却有不相一致的地方，譬如陕西的就采取了不少的陕西土话，四川的采取了不少的四川土话。据我想，这是唱本所以能吸引群众的地方，也就是通俗化作者应该学习的地方。在现时，对作品正不必存着"放诸四海而皆准"❷之想，能在一处多接近些读者就是好的。所以，一定要在通俗化作品中用了道地的"国语"、十足的"官腔"是不对的。如在适当的联络与统制之下，我以为通俗化作者尽不妨以同一故事为题材，写成不同方言的本子，此地这样说，那处那样说，也都没有什么要紧。《全民周刊》❸一卷十二期陈逸园君所作抗日山歌中有"总是事事拿

❶ 唱本：以演唱形式为主的剧本；曲艺或戏曲唱词的小册子。

❷ 放诸四海而皆准：比喻具有普遍性的真理到处都适用。出自《礼记·祭义》。

❸《全民周刊》：抗日战争时期进步的综合性政论刊物。1937年12月12日在汉口创刊，该社社长是沈钧儒，发行人是李公朴。主要栏目有社论、短评、每周时事解说等。是当时国民党统治区影响最广，受人民普遍欢迎的刊物。

弱门""他与中国更吃盐""抓起眉毛拉起须"等湖南平江土话，叫平江人听起来，这首歌的印象一定特别深刻。这一类山歌，通俗化作者还应多多地作。

（三）表现的方式，我主张尽可能地广泛，在一地流行的作品尤应采用当地原有的东西，不要拘于某地方的形式，而隐隐存着以此"统治"别处的想头。作者这次从一省跑到另一省的时候，恰巧有一个宣传团体也循同样的旅程工作着。我停留的时候总去"观光"这团体的活动。它准确地运用了歌咏、舞蹈、演戏等方式来吸引群众。但是它有一个很大的缺点，就是所运用、表现的方式太呆板了，所以据这团体的工作人员说，在初出发时，他们的歌咏这一类东西最受人欢迎，越跑远便成绩越差，引不起群众的兴趣来。这道理很简单：譬如"大鼓""快板"这一类形式是很适合于北方群众口味的，但往南移就须变更，南方人看了"快板"那样一面打着"挝板"，一面嘴里打滚着念，一定会感到莫名其妙的。这可给通俗化作者作很好的参考。通俗化一定要广泛地采用各地流行的形式，万不能把某一地的当作"万应灵丹"似的四处搬用。说到这里，可知通俗化作者需要不断地学习，不然他必不够应付。

★ 表现的方式，我主张尽可能地广泛。

（四）最后我想提到政府法令，一切官文书的通俗化。自从抗战发生以来，我们的政府的确颁布了一些"与民更始"法令，也创制了一些好办法，中枢要人也发表了不少足以使人振奋的言论，可惜这些东西，涵义虽极平实，而表现出来却极艰深，不但工农大众看了莫名其妙，就是一部分店员职工也还是读了不甚了然。现在的"上意不能宣于下"，这要数为一个重大的障碍。这事自然主要当靠政府来改革：如期真正的"俾众周知"❶，我想今天的法令、布告，及一切官文书实有大大通俗化的必要——自然一些陈辞、滥调❷、套语、废话也在必须废除之列。有人说，官文书通俗化会失去尊严，这话当然不成为理由，官文书的最尊严其实是在使民知之，然后行之，官文书通俗化了，老百姓明了得多些，一定更易奉行。又有人说，官文书通俗化一定要费许多时间，这些人至今还相信文言涵义要简括些。关于这一点，辩驳❸起来太费词，我只想说：（一）官文书，老百姓看了不明白总不是办法，就是费时间也只能这样做，何况现在行政机关有的是"时间"，不见得就忙不过来；（二）现在官文书一些套语、废话太多，如果删改掉，一定又能省出不少时间来；（三）官文书最大的目的是在把政府一种办法、一

❶ 俾众周知：让大家都知道、了解。

❷ 滥调：原书为"烂调"，下同。

❸ 辩驳：反驳，提出理由或根据来否定对方的意见。

57

层意思，明白地达于民众，那么要点是在明白，简括不简括还在其次，何况文书的简括往往弄成了含混，如"此生与彼生"这一类话呢！万一政府官文书还不改革，那么通俗化作者就须负起责任来，把政府官文书用浅显的语句、通俗的方式重写出来，这里自然要注意，第一不要错解了原文，第二要设法加强原文的情调。通俗读物编刊社把一些官文书重写成通俗的唱本，这是好的。不过，至目前止，作者对于官文书的重写一工作，还没有大大地努力。我想，如果民众借通俗化的努力，清楚地了解政府一些规定——譬如"抽调壮丁"等办法，土劣从中作祟的事一定可以减少，因此政府与人民也可消除不少的隔阂。

问：现在有许多青年在做政训❶工作，我想请你谈一谈关于政治宣传文字的作法。

答：长篇的政治宣传文字怎样写？这可以参看以上所讲的，在这里我想说一些关于写作标语的意见。

在作者所经过的地方，看见的标语，新的旧的，可算不少。一般地说来，最大的缺点便是空洞，例如旧的标语"本军为救民而来！"新的标语"民众要认识抗战的意义！"这类标语不能说不对，但看了以后，谁都觉得缺乏内容，这毛病的根源在哪里呢？那不能

❶ 政训：指的是政治训练。可以是通过文献、教材进行的广泛意义上的政治宣传，也可以是教员（官）对受训者根据当时的政治环境和需要，对受训者有计划、有目的地进行训练的行为。

说是个纯粹技术问题，主要是在政治工作的不切实。标语的没有内容只是政治工作空虚的反映。试想：一些不与民众发生密切关联，也从不为民众打算的政训工作人员，除掉"粉饰"一下外，能提得出什么内容丰富的标语来？所以，要消除这种缺点，就非在政治工作本身上改善、充实不可，这既不在本书题旨之内，只好从略。

单就方法的立点观察，现行的标语还有两大缺点。第一是文字失之太艰深，民众不能了解。作者在好多乡村里看到这样的标语："匈奴未灭，何以家为？"这标语"文雅"固然"文雅""含蓄"也固然"含蓄"，可是，请问：乡民看了，能得到些什么？这样曲折转弯、绕笔杆儿的话，乡民怎么能看得懂？在政府发行救国公债之初，我在华南某大都市看见这样的标语："不为岳飞，当为卜式！"岳飞是谁，民众中看过《说岳》❶的也许知道，至于"卜式"是哪一个，则除掉所谓"国学根柢好"的人外简直知者寥寥。我自己就目睹好多市民看了这标语摇头表示不懂的。拿这样的标语来劝募公债，你想会收到什么效果？其实"不为岳飞，当为卜式"，翻为今言也很平淡无奇，便是："有钱出钱，有力出力。"既然有了句人人懂得的"有钱出

❶《说岳》：即《说岳全传》，长篇小说，成书于乾隆九年，作者为清代人民钱彩、金丰，故此书大约是康熙至乾隆时期的作品；全书在元、明以来有关岳飞的民间说唱和戏曲、小说的基础上，加以重新编定，是"说岳"系列小说中成就最高的一部。

59

钱，有力出力"，为什么还要请出岳飞、卜式来呢？

现行标语的第二大缺点是不能提供很具体的内容，切合当时、当地的条件。死抱着一个标语不放，这是不足为训的。一个标语的提出有它的客观的形势为条件，客观条件变更时还紧紧死守这一标语，有时不但无谓，并且是有害的。譬如，在前一些时候，和平妥协的空气很浓厚，那时提出"主张和平妥协者即是汉奸"这口号，标语是很准确的，但到现在应用就没意思了，而且有时还足给国内的团结以恶劣的影响。又如"有钱出钱，有力出力"本是一个极准确的标语，但在抗战建国纪念日献金的时候，却应提出内容更具体的口号来。现在明明是"有力的也出钱了"，不能再把"出钱""出力"的分开，而应就此事实作出另一标语以激励有钱者的出钱，如"没钱的都出钱了，有钱的应该加倍出钱！"再如："努力生产！""国内团结一致！"……这一类的标语也不错，但在一个追悼阵亡将士死难同胞大会上张贴，那就没有什么意思，这时的标语应该是"为阵亡将士复仇！""以团结的力量为死难同胞复仇！"刘湘❶刚死的时候，四川各处遍贴"执行刘故主席拥护中央抗战到底的遗嘱"的标语是完全准确的，因为它切合了当时当地的情形，作了最具

❶ 刘湘（1888-1938）：中华民国时期四川军阀。四川成都大邑县人，一级陆军上将。他是四川近代一世枭雄，在战事中勇猛，外号"刘莽子"，1925年起盘踞四川，手握军政大权，与蒋介石虚与委蛇，生前始终保持四川的半独立状态。在担任四川省主席期间对四川的交通、工业、文化、教育比较重视，创建重庆大学并任校长。卢沟桥事变后，刘湘出川抗战，1938年因痼疾复发在汉口去世，逝前留有遗嘱："抗战到底，始终不渝，即敌军一日不退出国境，川军则一日誓不还乡！"

体的指示。

此外，错误的标语也还是时有发现，例如我在一处看见过"强搭汽车的是汉奸！"的标语。这标语是不准确的，就一般的情形说，"强搭汽车的"未必是汉奸，如果以此悬为汉奸的特征，那就把汉奸的意义反而弄得含糊了。又如，在这次"七七"献金❶时，我曾看见过"不献金的便是汉奸！"的标语。这标语也是不准确的，因为"不献金的"人和"汉奸"之间是没法等同起来的，如果把汉奸的外延扩展到"不献金"的人，那是隐蔽了真正汉奸的主要特征，而且反把非汉奸阵营的力量削弱了。又如，好些地方张贴的"宁为玉碎，不为瓦全！"❷标语也是不很准确的，这标语的意味和失败主义者"打亦亡，不打亦亡，所以还是拼一下"的说法差不多。其他错误的标语还多。不过，这些只能归咎于现行政训制度的不好或政治工作的不充实，决不能单单从表现技术或写作方法去求解决的。

问：写作标语应该注意哪几点呢？

答：写作标语应注意下列几点：

（一）一切标语都应具有激动性，所以无论用的字面或句调都要能冲刺群众，使之注意、振奋。我们又须知道，一切标语的目的无非在激引群众的某项规定

❶ "七七"献金：抗日战争时期1938年中国共产党人在国统区发动的一次最大的献金运动，此次献金不仅得到各阶层的广泛响应，而且在海外也产生了广泛和深远的影响。

❷ 宁为玉碎，不为瓦全：原指宁如珍贵之玉器被击成支离破碎，而不作贱价之瓦器得以保全。后喻宁可保全气节，为正义之事而死，而不愿忍辱屈从，而苟且偷生。

的行动，所以标语中总包含了"当然"的范畴，有时是显的，例如："好铁才打钉，好男才当兵"显然就是说国民应该都去当兵；有时是隐的，例如："主张和平妥协的就是汉奸"，就标语的表面看，虽似没有提出什么"当然"的范畴，其实是说"国民不应主张和平妥协"。有些标语作者，并不能顾到上述二点，往往以平直的叙述代替了有激动性的指示，例如，我在一个夏令卫生宣传大会上看见"大家要注意夏令卫生！"的标语。这标语是不好的，因为它缺乏了激动性。试思：我们看见了这标语，还不是和看见"夏令卫生宣传大会"几字一样地无所激动？又如，在一个兵役宣传大会上，张贴着"征兵制是最好的兵役制度"，"七七"献金时张贴着"献金即是救国"一类的标语也是没有多大意义的，因为这标语只是平直的叙述，而不是使人激动的指示。

（二）标语的形式一定要经济，即是，要以最少的字数有力地表达出全部的意义。一切无关的、冗赘❶的字句都应删掉，只留下几个绝不可少的字来。例如："我们要从抗战的过程中建国，要在建国的过程中抗战"，这标语中有好些字是不必要的，尽可以删掉，改成："以抗战来建国，于建国中抗战！"这不但无损原

❶ 冗赘：啰嗦的，冗长的；多指文章不简练。

62

意，而且见得短峭了。又如："为日本当走狗的汉奸是我们四万万七千万人的敌人"，其中加于"汉奸"上的形容词全然是不必要的，说是"汉奸"还有谁不知道他们是在"为日本当走狗"么？"四万万七千万人"也可改为"全民族"，如此则这标语可以改成"汉奸是我们全民族的敌人"。自然，"经济"一个原则也不能过分拘泥，例如"团结一致"在某一场合之下便不如"四万万七千万人结成一条心"好，这是要看标语张贴的环境乃至其他客观条件的。

（三）标语的浅显也是一个重要的因素。标语不是供人欣赏的东西，它要使最多的人理解感动。有些作者把写标语的用意误解了，用了很漂亮的词句，乃至美丽的形式、图案，但是他们的标语是不接近群众的，群众无法理解文字艰深的东西。所以标语以愈浅显为愈好，如其不是制定全国通行的，尽可能地要采用口头语，一地的方言、谚语、俗话，"文雅"不"文雅"是不须顾虑的。譬如"国民要踊跃服务兵役"不如"好铁才打钉，好男才当兵"好，因为后者比前者浅显得多。

问：抗战发生以来，应着客观的需要，所谓"新闻文字"（Journalistic writing）一时勃兴。原来作小说

* 标语不是供人欣赏的东西，它要使最多的人理解感动。

的、写诗的都在写"前线通讯""人物印象记""某地巡礼"这一类特写或报告文字，很多作者都变成了正式的记者。我自己对这方面也有些兴趣，跃跃欲试，请你告诉我一些关于这类文字的方法及其他有关的技术。

答：大体说来，新闻文字的写作方法是遵循着一般的写作方法的，这里将一些比较特殊的技术提出说一下。

（一）新闻文字，顾名思义，可知是准备在新闻纸一类的东西上发表的，因此写作的技术不能不顾及新闻纸的许多条件。举其最重要的一点便是文字、篇幅应该力求压缩。抗战以后，我国报纸的篇幅，经中央规定，不得过一张半。现在多半纸出到一张。一张共分四版，除去广告、副刊❶等外，至多只有二版或二版多一些的地位可以刊载所谓新闻文字。在这狭小的篇幅中，还要扣去必不可少的电讯、评论的地位，则所余的真是微乎其微。在如此的条件之下，新闻文字自非力求压缩不可。不过所谓压缩不是说可以把一篇的内容、材料任意宰割，反之，重要的材料更是应该放大地写，以增强读者的印象，至于与题旨无关系的空论、废话则必须加以剪裁，下面的一篇"特写"❷就是

❶ 副刊：报纸上用文学体裁反映社会、文艺色彩较浓的、能给读者提供美的享受的固定版面，定期出版，一般有刊名。常见于各种报纸，区别于新闻的版面和栏目。

❷ 特写：报告文学的一种，反映的是社会生活。其特点是抓住显示生活中人物或事件的某一富有特征性的部分，作集中的、精细的、突出的描绘和刻画，具有高度的真实性和强烈的艺术感染力。

应该加以压缩的：

> 增加抗战力量
> "金钱板"满山城
> 不识字的人所以听得懂
> 都摩拳擦掌要打日本鬼

日本军阀曾经收买国内第二、三流作家为他们撰述了一百本小册子，尽量地鼓励战争，粉饰侵略者的罪恶。这些作品，我们曾经在最前线的敌尸，或者是俘虏身上搜获甚多。不用说；在敌国的每个人民身上，都得被逼迫着携带一份了。这些工作的成功，足使得日本军阀得到无穷的收获。反过来看看咱们中国文化人所做的工作，那真是渺小得❶很，虽然也曾做过很多喊口号的文章，一般的文化，为着要想维持自己的地位，理论说得很多，都以为普遍是太庸俗、平凡。只有深奥，才可以维持所谓文化人的尊严（？），今天想出一个漂亮名词，写几篇文章，明天又是照样写几篇，把读者都写完了，广大的群众，是没有办法体会这些的，前方的将士们又何曾能够看到一本便于携带而又通俗的读物呢？于是就有很多人主张深入到民间去，提向下层社会去，到农村去，组织宣传队、演剧团，这虽然是个很好的办法，不过一般的说来，中国的语言，仍然是很复杂，每个省市的方言，并且首先得了解要想深入民间，必得迎合大多数群众的心理，知道他们所需要的，而最能够使他们感觉到兴趣，愿意侧耳静听的是鼓儿词、扬州调、金钱板说书、

❶ 得：原书为"的"。

和声，以及各个地方的小调，因为这些是容易与他们接近的。最近在这拥有五六十万人口的山城让每个人看到的，而是一件极痛快的事，就是在街道口，或者是在茶馆店里，一些金钱板，说书的人，他们尽量地在吸引他们的听众，而所说的，都是抗战新闻，记者昨天也听得一段，什么"……是使你们大家知道日本凶险，是使大家知道日本野蛮，使大众知道日本不要脸，让它咬手指拇咬到手湾湾……看各位有不有点国家观念，不要尽做梦扯卜觯，不是从前打内战，与人民一点不相干，不是从前自己人抢饭碗，不是从前防区挣地盘，民族生存在此一战，希望大家都要动员，不要只是口头呻唤，有力的出力，有钱的出钱。"

听的人面部表情都很紧张，一个个摩拳擦掌，恨不得一脚把敌人踢回东洋，比较一篇文章的功能也许强得多，据那个表演的人对记者说，这种抗战新闻是永川县民众教育馆馆长周敬承先生编成的，已经刊印出第五集，里面是分为很多段的，有东战场、西战场，日本侵略中国侵略史，中国民族弱点，卢沟桥的事变，抗战是我们的生存，日本人便是杂种，日本在华暴行的事实，后方民众应负的责任，最后胜利是我们的，前方战况，当义勇壮丁者，多买救国公债，劝捐棉鞋棉背心，华北民众的痛苦，后方民众应有的觉悟，日寇攻南京，刘军长汉皋病故，枪毙韩复榘❶，收复台儿庄，节衣缩食救国家，万事莫如防空紧，肃清汉奸，集中抗战力

❶ 韩复榘（1890-1938）：字向方，民国时期军阀之一，在二十世纪二三十年代声震西北、华北、中原各地，曾叱咤一时，后投靠蒋介石，官至国民党陆军上将。在抗日战争中，因其不战而放弃济南并密谋反蒋，被蒋介石以"违抗命令，擅自撤退"的罪名枪杀。

量，要狠自己狠，收复失地，毒化华北同胞，警告女同胞等等节目。

这些用嘴巴讲述出的抗战新闻，极通俗的，极普遍的给大多数不识字的同胞听到以后，将会增加很无穷的抗战力量，希望每一个从事救亡工作的人，能够注意到很多不识字的人的需要。

（原文恐有误植，现未改动，作者注）

这一篇文字的缺点很多，首先应该指出的便是篇幅的浪费。这篇主旨是在哪里呢？是在作关于"金钱板"说书先生的报道。议论、感想自然也可以发，譬如由听金钱板而指示当前作者应该努力的路向，但一不能离题太远，二不能占据过多的篇幅，三不能把一些材料东拉西扯，弄得"鸡零狗碎"。在这一篇中，头上一段议论全然是浪费的，一下拉到日本"二、三流作家"，一下扯到"咱们中国文化人"，这些空话倒几乎占据了全文的二分之一，你想经济不经济？我以为这一段议论（其实其中还有纠缠不清的地方）应该全盘删掉，正文就从"最近在这拥有五六十万人口的山城……"那里开始，似乎反见明净些。如果作者一定要保存他的感想，那也可勉强加在文末，改成：

 ……这些用嘴巴讲述出的抗战新闻，极通俗的，极普遍的给大多数不识字的同胞听到以后，

★ 写新闻文字，特别是"特写"这一类，对于材料的选择，应该十分注意。

将会增加（原文这里有一"很"字，这很要不得吧？）无穷的抗战力量。以往，我们的文化工作者太侧重了文字的宣传工作，这个写篇文章，那个写本小册子，就是文字再通俗些（事实上他们还做不到这样），总无法对不识字的人起作用，这一点，我希望文化工作者加以注意并且多多学习这些拿"金钱板"的说书先生！

（二）写新闻文字，特别是"特写"这一类，对于材料的选择，应该十分注意。所谓新闻文字的内容，原不外乎"人"与"事"的报道，而关于"人"的叙载，也以增加读者对"事"的认识为目的。所写的题材，不妨是"特殊"的人和事，但总要把这些"特殊"材料处理得使读者认识"一般"的人和事来。写"特殊"的人和事而使读者的所得也仅限于"特殊"的人和事，这一定犯了琐碎的毛病。举一个例来说，要写一篇关于某抗战将领的文字，我们将取些什么材料呢？他的出身、他的经历、他的军队、他的嗜好……哪一样"特殊"的材料都可以用。可是我们要进一步问：读者为什么要知道这将领呢？我们又为什么要作这样一篇文字呢？是为这将领标榜么？是为增加群众的英雄崇拜么？当然都不是的。主要的目的是要从这将领一个人的叙述上使读者获得关于抗战将士一般

★ 所写的题材，不妨是"特殊"的人和事，但总要把这些"特殊"材料处理得使读者认识"一般"的人和事来。

的印象，其次就是由这"人"的叙述提高读者对于"事"——抗战——的认识。这目标把握住，自不会把一篇人物印象记写成琐琐屑屑材料的堆砌，更不会把抗战写成英雄的浪漫故事，好像"事"颠倒地是完全由"人"支配的。写特写、速写这一类文字，笔调自不妨力求轻松，可也不能侧重了布景，把正场的"戏文"都忘记了，这样的毛病，在最近的新闻纸中发现得不少，现在举出一篇为例：

> 我们的副议长
> 张伯苓❶先生
> 对国民参政会观感极佳
> 他说在平时也许要辞职

在电话中知道沙坪坝南渝的张伯苓校长进城来了，而且是太太一道来的，记者为了要见他，希望他能发表一些关于这次国民参政会的意见，尤其是他本人被选任为副议长一层，于是记者去寻求他的行踪，方法自然是跑和继续地打电话，南开校友会、南渝中学办事处、青年会、女二师，一切属于张校长常到的地方，但都扑了空，午后五时许，发觉他老人家已经回沙坪坝去了，于是只有跟踪追赶，在车上，巧碰着八个南渝的同学，他们是今天被选派去欢迎世男学联代表团的代表，记者和当中的两位开始攀谈，一个名叫弈圻，他是山东堂邑的

❶ 张伯苓（1876-1951）：现代教育家。他一生致力于教育救国，创立天津南开大学，为中华民族的振兴作出了巨大贡献。1948年6月曾出任中华民国的南京国民政府考试院院长，1949年11月底，张伯苓婉拒蒋介石赴台要求而留在大陆。

人，另一个陈因华是江阴人，他们说学校下周，就要考试，再一个下周的礼拜二就可以散学了，但是这次的暑假多数同学是无家可归，因为从战区来的同学要占五分之三强，其他五分之二虽然有家，但还有一半是应当列入准有家者的，是不具体的家罢了，车窗外急喘的嘉陵江流，雄伟的歌乐山，绿油油的禾苗，挺秀的玉蜀黍还在少年时代呢，他们对于难得下乡的城里人，都发生出一种高尚的诱惑，汽车在学校要停下的时候，闲立在园地上的同学在表示对这八位代表的欢迎吧，他们吃着桃子，把剩下的残核，向车上迎面掷来，虽然误中着记者，这是一种美意，虽然联想起"误把记者当潘安"这样一个掷果的故事，但觉得不十分妥当。旋由陈因华同学向导，在养鱼池边，会见了我们的新任副议长，他老是穿着长袍，池塘是静静的，在二十丈内连一个工人也没有，张先生独坐在一条石凳上，凝视着碧绿的池心，陈同学传递过记者的名刺和一封国立戏剧学校万家宝请他看"魔鬼"的信，因为没有封口，在传递时，几张欢迎券先夺口而出了，张先生虽然戴❶着老光眼镜，也没有发现遗失座券这回事，在他起身请记者在石凳上一同坐下后，记者才多事地告诉了他，于是开始谈到正题，张先生谈的官话，很容易听懂，但他仍是小心不时在膝盖上用指头写出一个重要的名词像一个教授在黑板用粉笔写一样，他对于这次召集的国民参政会的感觉很好，他说他今天早上看报才知道自己被任为副议长，至于所发表的参政员名单他也看过了，他说这

❶ 戴：原书为"带"。后同。

次各党各派的人都能参加，是最好不过的，至于本人当议长，在平时也许要辞谢：但在现在是不必要的，张先生谈话像诲人不倦的样子，看谈了好久，记者眼见天色将晚，想着汽车也无，还有几十里的归途，于是在四山残照暮霭初浮中和这位老先生告别了。

上篇文字有什么毛病？最大的毛病是在把"楔子"❶写得太多太长了，弄成"头重脚轻"的样子。张伯苓是怎样的"人"，由他身上我们对国民参政会这一回"事"可得到什么展望，由这篇文字里是看不出什么来的。如果最后几句删掉，整篇倒可安上另外一个题目："我是怎样去访问张伯苓先生的"。

（三）附带我想讲一讲关于新闻文字标题的技术。这些，一个编辑固应知道，即是一个记者也应明白。这一题目可以分做几项讲：

甲、什么是标题？标题是整篇新闻文字精炼的提纲。有了正文为什么还要标题呢？这有两个目的：第一是文字长了，有了标题比较醒目些，使读者容易把握全文的主要骨干；第二是文字虽短，加上标题可使读者特别注意。有时全文甚长，而材料的头绪又很纷繁，不是寥寥数字所能包括，需要另加几个字，文意才称完足，这样，标题的形式便不能采取单纯的方式，

❶ 楔子：通常加在小说故事开始之前，起引起正文的作用，也可以作为正文铺垫。如有些小说采用倒叙的写法，开头的结局就可以称作楔子。

如"龙云飞抵汉口""飞将军安然归来"一类，而需另列一行，附加在原来的标题上，如：

> 据新乡寇军
> 图犯平汉线

有时一件新闻中包括了几件大事，如上的标题形式也还不能包括，那么便需完全另列一个标题，如：

> 寇机昨袭湘粤
> 在广九路投弹甚多

★ 为了便于区别起见，这些标题有着不同的名称。

看了以上的标题，我们就可知道，这一则新闻中一定述及敌机袭我湘粤及轰炸广九路两件事，并在一起有些含混，所以分成两个标题。

总之，新闻文字的标题最复杂的为如下的形式：

> 据新乡寇军
> 图犯平汉线
> 晋北我军反攻

为了便于区别起见，这些标题有着不同的名称。像在上式中，"据新乡寇军"叫做"上标题"，这种标题的功能是辅佐的，有时简直是"正标题"的"附加词"。"图犯平汉线"叫做"正标题"，因为它是全则新闻最主要的提纲。"晋北我军反攻"叫做"副标题"。标题之正副，是就材料之重要、次要而说的。"晋北我军反攻"如果很重要，当然也可作为"正标题"。

乙、怎样的才算得是好标题呢？好的标题，第一要能概括全文重要的材料而无所遗漏，第二又不能把全文的要义完全列举出来，第三要有"冲刺性"而不失之夸大，第四不能用空泛的字面。举例来说，本年七月十八日的重庆《新民报》上有这么一则新闻：

傅作义❶
快回绥远❷去

（河曲十八日电）绥境各蒙旗王公，因不堪敌之侵凌荼毒，近纷电傅作义望率大军回绥，扫荡贼寇，准噶尔旗协理奇凤鸣电傅谓，敌寇侵凌有加无已，凤鸣忝掌蒙政，世受国恩，纵受任何压迫，绝不认贼作父。目下绥蒙人民望钧座之回绥，有如大旱之望云霓，所有伪蒙军均抱不战决心，待机反正，伏望督率大军早日回绥，收失土救人民，凤鸣愿供驱策❸，誓死报国云。

这则新闻的标题是好的，因为"傅作义快回绥远去"几个字轻轻松松地把全则新闻的材料都包括在里面了。可是，如果有人安上如下的标题，那就不及上一标题这样好：

准噶尔旗协理
电催傅作义返绥

❶ 傅作义（1895-1974）：字宜生，山西荣河（今山西省万荣县）人，是一位抗日名将、追求进步的国民党员。1949年1月，他响应中国共产党"停止内战，和平统一"的主张，毅然率部起义，促成北京和平解放，使古老的文化故都北京及其全部珍贵历史建筑完好地得到保存。

❷ 绥远：为中华民国时的塞北四省（热河省、察哈尔省、绥远省、宁夏省）之一，简称绥，省会归绥（今呼和浩特市），在今内蒙古自治区中部。中华人民共和国成立后，于1954年废省，并入内蒙古自治区。

❸ 驱策：驱使；命令做某事。

蒙旗王公不堪敌扰

为什么呢？因为这标题把下文的内容都说完了，使读者不生接读下文之想。原标题还有一个好处，就是有冲刺性，看了"傅作义快回绥远去"几个字，谁不觉得眼前为之一跳呢？有冲刺性的标题有使读者不得不看下文的魔力。这标题就有这样摄人的地方。同一则新闻，在别的报上，我看见有加上"绥远近讯"这样标题的，这标题就不很好，是为了字面太空泛的缘故。

至于标题的字体及其大小怎样配搭，那是属于新闻编辑技术范围，与写作方法无关，不想在这里提及了。

★ 至于标题的字体及其大小怎样配搭，那是属于新闻编辑技术范围。

74

附录　写作方法讲话

前 记

这一本小册子是在抗战初期写的，这次有修订的机会，通体看了一遍，觉得几乎全部要重写，这样的"雄心"一起，一个终日为事务所困的我，便索性搁笔。是在去年年底，突然遭遇了时代大旋涡里的小泡沫，为要维持生存在这个社会里的"信誉"，不能不挤出时间来做夜工，增加一点收入，清偿对人的债务。做些什么夜工好呢？还是动笔修改这本小书罢。于是可留的留一部分，而把原来的第二、第四两讲整个改写了，分为七讲，如目录所载者。原来有"抗战中的写作问题"一讲也删除了，另加上在中学生杂志上发表过的四段"习作讨论"，作为附录。做夜工开始的时间总得在小孩睡觉以后，每晚从九点多写到一点多钟，有时精神好，思虑还能集中，有时困倦了，只是对自己依限缴货，明知不成样子，也算数了。这样写成的东西，名为修订，恐怕还是毫无进步的。希望再有修订机会的时候，环境好些，让精力比较能够集中一些，特别希望不是在现在那样遭遇下执笔，然而，我们这个老中国啊，恐怕不容易让一个习作者实现这么一点最低的祝福的。

❶ 罡风：道教谓高空之风。后亦泛指劲风。

　　所以赘几语者，一是想借这件事说明时代的罡风❶没有一个角落不会吹到，二是为这个群魔乱舞的年岁作个见证，证明至少在我重写这本小册的年头里，中国人是在过着怎么样的愁苦的日子。这本小册子流传一天，假使使读者一无所得，而独由这篇"前记"觑破了一些粉饰太平的墨写谎言，那我已经要引为大幸了。

孙起孟

一九四七年一月二十六日。上海

第一讲　词不达意之苦 ❶

❶ 编者按：这一讲因与前面"写作方法入门"第四讲中内容有重合，重合部分现已删去。

读：搜集了词语、类义词、反义词以后，怎样可以应用到写作上来呢？

笔：你把搜集词语和写作分开，那是不对的，如其搜集词语仅仅是把人家用过的东西摘录下来，摆在一旁，写作自归写作，或者要等到写作的时候才来"征用"，那也是没有多大效果的。

首先，我们在一篇文章里发现了新的词语，我们将怎样去理解它以至会用它呢？当然不是摘出这一个就算数，而是要着眼于这个词在整个句子里乃至整篇文字里的地位和作用。譬如，手边有一本第二卷第一期的《读书与出版》，底封面载了高尔基《三人》的广告，"本书刻画❶着求生者倔强的挣扎，……生的意志的诱惑"，这里"倔强""诱惑"两个词就是不能离开全句全文来理解的，"倔强""诱惑"可能是个"文"的字眼，譬如在"他的脾气真是太倔强了，什么善意的劝告都不接受"、"糜烂的物质生活诱惑了初履上海这个大都会的年轻人，使他们堕落"这样的句子里，但在"倔强的挣扎"和"生的意志的诱惑"词里却变成了积极性的词儿。我们所提出的搜集词语，是要这样地理解一个词的作用以及可能的变化。不是搜集了词，储备写作之用，而是在搜集词语的时候就已从事写作。

读：类义词、反义词怎样应用呢？

笔：我们要晓得，阅读文章，人们自有几个心理的限制，譬如，讨厌重复是一个，要求有力又是一个。同一字眼，用了又用，这是一定使读者讨厌的，其实是一样的内容，但换个字眼，换个说法，读者就又欢迎了。在这样场合，便用得着类义词或反义词，譬如你说："这个问题相当严重"，在同一篇文字里，你也许觉得"严重"用得太多了，会惹人厌，这时你可以找一个相当于"严重"的词儿，或者换一个说法，如"这个问题使许多聪明人都束手无策"，或者你用一种反面的写法，如"这样的问题，官方报纸总是说算不

❶ 刻画：原书为"刻划"。下同。

了什么，在我们老百姓看来，是并不轻微的事情啊"。
一层意思，要表现得凸出，使读者特别注意，也要靠
类义词或反义词，譬如，我们要描写一位先生的耿直，
把这一点特别强调，引起读者的注意，我们也许不是
只平平淡淡说他秉性耿直了事，也许我们要这样写：
"老许的耿直、爽朗、果决，不是人所共见的么？"也
许我们要这样写："老许这个人过分直道，心里有什
么，脸上有什么，有时叫别人下不了台，这个缺点是
有的，说他阴险、城府深，那是说给谁听都不会相信
的。"一叠用几个类义词是为了使这一点凸出，不从正
面，从反面说，用反义词，也是为了使读者有更深刻
的印象。

读：你这么一讲，我不仅明白了类义词和反义词
的用法，而且也明了为什么有些地方句子变词，词变
句子。让我试说说看，请你指教。例如："你反对他的
意见，我管不了；你赞成他的意见，我也管不了"，原
来"你反对他的意见""你赞成他的意见"都是一个句
子，可以改写成："对于他的意见，你的赞成与否，我
都不管"，这样，句子便变成"你的赞成与否"的词语
了。假使原来是用词的，反之也可以改写成句子，词
和句的调换错综，大概也是避免重复和加强力量的方

★ 假使原来是用词的，反
之也可以改写成句子，
词和句的调换错综，大
概也是避免重复和加强
力量的方法吧？

法吧？

笔：正是！我们在前面第三讲里已经提到词和句的不同，由语法的观点看，词和句是截然不同的两种形式，但为了修辞，词和句却又是如你所指出的那样可以调换错综。这一点，是极值得注意的。

★ 由语法的观点看，词和句是截然不同的两种形式。

第二讲　写作的材料

　　读：写作好不好，方法自然有关系，但我看主要还在有没有好的材料。材料没有，或者有也不好，那么，任凭有多么高明的技巧，也是写不好的。

　　笔：你这话说得很有道理；但要请问：写作材料的问题怎样解决呢？

　　读：这在我看，是无法解决的。记得在哪里看见过一篇文章说有一个青年在街上东钻西跑，人家问他做什么，他说是写作材料用完了，在找新材料。这个青年是可笑的。写的材料完了便是完了，这哪里是在街上东钻西跑找得到的，即会找到，也是浮薄肤浅的东西，写出来也是无聊的作品，写作的材料是不能

★　写作好不好，方法自然
有关系，但我看主要还
在有没有好的材料。

同猎人一样地猎取得来的。

笔：你这意见粗听似乎很高明，对于青年习作者却是有害的提示。

读：为什么？你难道不同意写作者必须有真实的材料才动笔这样的主张么？

笔：光就字面看，这样主张，我当然同意，但从这样主张推论到你刚才的意见，却是大可商榷的。假定一个人真有所谓写作材料用完了这么一回事，那譬如饿了添饭，冷了添衣，为什么不许他东钻西跑去寻材料？莫非停下封笔，静候材料来临再写倒反好么？

读：不是这样说法，我的意思是一个作者应该充实他的生活，唯有充实生活才是写作的源泉。生活充实了，写作的材料自然丰富。

笔❶：充实生活一说仍然需要加以注解。这句话提的人不少，但涵义究竟是什么，说的人自己也未必十分明了。所以"充实生活"在许多人心目中只是一句非常含混甚至非常神秘的话。怎样才能充实生活呢？对这问题，除掉一些诗篇似的美丽而空洞的话外，很少具体的答案。有人把"充实生活"理解为"充实生活经验"，也就是说，要自觉现实的生活太平凡，太单调，要创造新的不平凡的生活。譬如革命啊，恋爱

❶ 编者按：这一段与前面第39页内容有所重合，但为理解全文起见，未做删除。

84

啊，要有惊风骇浪似的生活经验，然后写得出动人的文章来。这样的意思是可说而不可行的。生活的际遇，并非一个人的意志所能决定，拂之不必去，招之未必来，哪里是像编剧本似的要它有悲欢离合便有悲欢离合？而且平凡的、单调的生活和惊风骇浪似的生活固然有不同，但还不是同在一个社会规律支配之下？要能忠实于平凡而单调的生活，平凡单调中自有真实的感情、真实的材料。苏联文学顾问会《给初学写作者的一封信》上提出了"手触生活"一说，这原是颠扑不破的见地。但怎样触法呢？有人理解为"作者要写商市，便应参加商市生活，要写农村，便应参加农村生活"，这又变成一种偏狭而且本末倒置的意见了。作者不应为写作而生活，而应在真实的生活中写作，试想：在商市中、农村中，来了这么一个"超然的""游戏人间"似的商人、农夫，那商市农村会成个什么样子？而且，为写作而参加的生活一定不是真实生活，不真实的生活对作者必然不成为真实的写作材料。

　　读：写作既离不开生活，那么一个作者到底怎样取材于生活呢？

　　笔：我想贡献三句话：

★ 没有材料，自然没有写的。

第一，有需要写时就写；

第二，有不得不写时就写；

第三，有熟悉深知的材料时就写。

读：请你逐句说明。

笔：你头上不是说没有材料不好写么，没有材料，自然没有写的。但请注意，任何人生活里总有需要写作的时候。假使你是个学生，除掉在国文班上作文之外，你也许要写读书笔记，也许要写日记或周记，希望家里汇钱来，也许要写信，丢了东西，也许要写一张失物的招贴，参加某种团体活动，也许被推担任记录……总之，你有说不尽的需要写作的时机，需要写作的时候是一定有材料的，要没有材料，需要也不会存在了。你要从生活需要里把握写作的材料，有机会不要放过，写作了一面是满足需要，一面也是对自己的习练。

读：不得不写不就是有需要写么?

笔：两者有点不同。我们生活在现社会中，总有种种的感受，譬如受人欺侮而愤懑是一种，看见人勇于牺牲自己而衷心钦佩又是一种，他如惊惧、悲哀……这种感受也有过了就算的，也有深刻难忘的，也有头上无所谓，后来越想越抛不掉的。深刻难忘的感受在我们内心上好像加了一层重压，迫使我们要找

★ 你要从生活需要里把握写作的材料，有机会不要放过，写作了一面是满足需要，一面也是对自己的习练。

个出路，有时以行动为出路，有时是写作，所谓"如骨鲠在喉，一吐为快"的，正是指这样的写作材料，不管是什么生活感受，也不必问会发生什么作用，只要一有不得不写的感觉，最好马上提笔。这个时候，材料的充实新鲜是不成问题的。

读：请接下解说"熟悉深知"的意思。

笔：我们各个人的生活有相同地方，也必然有不同的地方。不论同与不同，各人总有自己特别熟悉深知的生活材料，人、物、事、理都可以。这一项为你所熟悉深知的，写下来，一定不会言之无物。从这句话，也可看出反面一层道理，就是，如果人、物、事、理，你还不算熟悉深知，这时最好你还是不忙动笔，而是用种种可能的方法去接触、研究，以达到熟悉深知的程度，只有对熟悉深知的东西，你才有把握写得对，而且写得好。

★ 只有对熟悉深知的东西，你才有把握写得对，而且写得好。

读：照你这样说法，一个作者写个人的身边琐事，不是并没有什么不可以么？

笔：身边琐事为什么不可以写？是与时代无关么？真有一个人身边琐事和时代无关的事实么？我想是不可能的。譬如，柴米油盐，小孩生病，夫妻拌嘴……这些，应该算是一个人的身边琐事了吧，但这些又何从置诸时代之外？不正是从这些现实生活里使人更明确地了解了时代的发展与希望？问题恐怕出在：熟悉是熟悉了，知却未必深知，熟悉而不深知，这就使原来与时代息息相关的生活踪痕变成了纯个人的琐事。朗达在《论一封给初学写作者的信》里犀利地驳斥"作者取材仅限于他自己的生活"一说道：

> 一个初学习作者可以问：那么，只写老婆、儿子、自然界，或者自己的机器用具，只写自己的工作，好么？

这一问，是问对的，可也需要补充。我认为：如其一个作者真只熟悉老婆、儿子、自然界、机器用具、自己的工作，他绝对有权只写这些，而且事实上也只有写这一些的。不过，他应该进一步于"熟悉"之后要求"深知"：老婆、儿子一类材料，一类问题里一定有时代的脚迹。譬如高尔基所写的，也正是工人酗酒，回来打老婆一类"身边琐事"，但他是很智慧地在熟悉的生活经验里深刻地掘发时代大变动的轨迹。

一个作者要熟悉当前的人、物、事、理，他必得严肃而认真地过日子。比如吃东西，有人是囫囵吞下去的，囫囵吞的甚至会辨不出什么味道，相反的是细细咀嚼，啧啧❶辨味，这就是认真的生活态度。要深

❶ 啧啧：（1）形容咂嘴或说话声；（2）形容鸟叫声。

知，他必得把握住准确的观察事物的方法以及有关的知识。比如吃东西，要真正尝到味道，必得用刀、叉、勺子一类工具，否则眼前看得分明的菜也好汤也好，至多只能浅尝而已。

读：取材于生活，这倒是用之不竭的来源。不过，嫌材料少的时候，真觉搜索枯肠，难着一字，这么一说可又觉得头绪太多，无从下手了。

＊ 取材于生活，这倒是用之不竭的来源。

第三讲　作文和作人

读：谈到这里，我得了两点新的感想：第一，照你的意思，写作不是一件漫不经心就弄得好的事情，要下苦功，要从小动作开始训练自己；第二，说来话去，写作只是作人的一种工具。

笔：你所谓两点感想，合并起来，也可以说只有一点：作文是为了作人。无论是就作文的效用或者习练着眼，作文都得服从作人的需要。

★ 作文的材料从什么地方来？从作人中来，从生活中来。作了文朝哪里去？还是回到生活里去，回到作人方面去。

上面已经说过，作文的材料从什么地方来？从作人中来，从生活中来。作了文朝哪里去？还是回到生活里去，回到作人方面去。在前面第二讲里，我们曾经发挥过这一层意思，这里不必重复了。要言之，作文是一种生活的工具，帮助我们作人作得更愉快，更幸福，更正直，自己的需要得到满足，别人的问题得到解决。

再就我们提出的习作方式看，凡是为写作所需要的，也没有不为作人所需要。譬如：我们不可以漫不经心地作文，难道我们可以漫不经心地作人么？严正是作文应有的态度，也是作人应有的态度。又如，我们主张写作之前要定计划，要订大纲，作人作事不也应该如此么？有计划，是作文作人两方面都需要的习惯。又如，我们主张作文要先受一些小动作的严格训练，小的地方决不许马虎，譬如搜集词语，要经常认真地做。这样的训练方式，又岂独适用于作人，作人作事不是正应该这样？

总而言之，我们主张作文是为了作人，人文是不容割裂开来的，作文是一套，作人又是一套，这是过去了的文人，一个现代的写作为服务工具的人是人文一致的，严格地要求自己作文和作人的合一。

读：我很同意你的说法，并且还可以补充一点论据。我们作人作事，要有条有理，要懂得分别轻重缓急，要善于抉择取舍，这一些，恰好在写作上都可以受到充分的训练。譬如，作文已经努力做到了层次分

★ 总而言之，我们主张作文是为了作人，人文是不容割裂开来的。

明，朝向一个中心、剪裁材料，使应有全有，应无全无，以这种作文习惯应用到作人作事上去，自然不会乱七八糟，章法毫无。我想，一个作文善于布局的人一定是在实际生活中有组织才能的人。他能够在那么头绪纷烦的人生中整理出若干中心、若干典型，而又能把这样中心和典型联系起来，使人读了他的文章如同身临其境，这真是极大的组织才能。虽然我们不能说作文的组织才能到处通行，推论到善于作文的人可以治军，可以开矿，但中外古今若干出色的文人同时也是大政治家、大军事家、大事业家，恐怕就是由于作文作人所需要的组织才能到底有着基本的共通性。

笔：你说得比我透辟多了。

对于作文作人两者关系的看法，正是摆在一切习作者的两条路线。一条是把作文和作人分开来，以作文作为增进个人利得的方法；一条是把作文和作人统一起来，以作文作为服务大众的利器。这两条路线是绝对矛盾的：前者是落伍的知识分子的写作方向，后者才是进步文化人的写作路线。我们今天应该作成能够推动社会前进、大众利益的人，写作的内容应该吻合这样的目标，就连方式也应该以此为准则。作文既和作人合一，则作文正所以作人，再不是于作人之外，

★ 作文既和作人合一，则作文正所以作人，再不是于作人之外，或者作人之上另有所谓作文。

或者作人之上另有所谓作文。写作者要不再意识到我在作文了，天天在动笔，只觉自己是在向着作人的目标作事，这样才是作文作人合一的境界！

附录　习作讨论

第一讲　文字·思想·说明的方法

这里有一篇文章，题目是《习惯成自然》，作者署名翰先。

"习惯成自然"，这句老话很有意思。

我们走路，为什么总是左脚往前，右脚往前，两条胳臂跟着动荡，保持身体的均衡，不会跌倒在地上？我们说话，为什么总是依照心里的意思，先一句、后一句，一直连贯下去，把要说的都明白了？

因为我们从小习惯了走路，习惯了说话，而且"成自然"了。什么叫做"成自然"？就是不必故意费什么心，仿佛本来就像那样子的意思。

走路和说话是我们最需用的两种基本能力。推广开来，无论哪一种能力，要达到了习惯成自然的地步，才算是我们有了那种能力。不达到习惯成自然的地步，勉勉强强地做一做，那就算不得我们有了那种能力，如果连勉勉强强做一做都不干，当然更说不上我们有了那种能力了。

听人家说对于样样事物要仔细观察，才能懂得明白，心里相信这个话很有道理。这当儿，并不是我们就有了观察的能力。

听人家说劳动是人人应做的事，一切的生活资料，一切的文明文化，都从劳动产生出来，心里相信这个话很有道理。这当儿，并不是我们就有了劳动的能力。

听人家说读书是充实自己的一个重要法门❶，书本里包含着古人今人的经验，读书就是向许多古人今人学习，心里相信这个话很有道理。这当儿，并不是我们就有了读书的能力。

听人家说人必须做个好公民，现在是民主的时代。个个公民尽责守分，才能有个好秩序，成个好局面，自己幸福，大家幸福，心里相信这个话很有道理。这当儿，并不是我们就有了做好公民的能力。

这样说下去是说不完的，就此打住，不再列举吧。

要有观察的能力，必须真个用心去观察。要有劳动的能力，必须真个动手去劳动。要有读书的能力，必须真个去把书本打开。要有做好公民的能力，必须真个去做公民应做的一切事情。在相信人家的话很有道理的时候，只是个"知"罢了。"知"

❶ 法门：原指佛教修行者入道的门径，今泛指修德、治学或作事的途径。

比"不知"似乎好些，但仅仅是"知"，实际上与"不知"并无两样。到了真个去观察去劳动……的时候，"知"才会渐渐化为我们的习惯，习惯成自然，才是我们的能力。

通常说某人能力不强，就是某人没有养成多少习惯的意思。譬如张三记忆力不强，就是张三没有把看见的听见的一些事物好好记住的习惯。譬如说李四发表力不强，就是李四没有把自己的思想和感情说出来写出来的习惯。

习惯养成得愈多，那个人的能力愈强。我们做人做事，需要种种的能力，所以最要紧的是养成种种的习惯。

养成习惯，换个说法，就是教育。教育不限于学校，也不限于读书，学校教育只是教育的一部分，读书这回事也只是教育的一部分。我们在学校里受教育，目的在养成习惯，增强能力。我们离开了学校，仍然要从种种方面教育，并且要自己教育，目的还是在养成习惯，增强能力。习惯越自然越好，能力越增强越好，孔子一生"学而不厌"❶，就为的看透了这个道理。

❶ 学而不厌：学习没有厌倦满足的时候。比喻非常好学。出自《论语·述而》。

读者们，如果你们骤看这篇文章的题目，不接着看本文，你们恐怕会替作者担忧，这篇文章怎样写得下去？"习惯成自然"，文章的题目不已包括一切了么？但看下去，看下去，你们会看出作者的一枝笔要比我们的脑筋灵活得多，不仅一段一段地写出许多意思，尤其难得的是借"习惯成自然"这句老话，说出不少的精义来。譬如，"习惯成自然"这句话，我们也不知看过多少遍，说过多少遍，但像"无论哪一种能力，要达到了习惯成自然的地步，才算是我们有了那种能力""到了真个去观察，去劳动……的时候，'知'才会渐渐化为我们的习惯，习惯成自然，才是我们的能力"这样的意思，我们可从来没有想到过。一样一句话，我们只看到了表面，别人却想到了细致也就是精深的地方。正为只看到表面，所以觉得有了"习惯成自然"五个字作题目，下面便没有什么文章可作，而这位翰先生呢，因为想到了我们所想不到的意见，便能写出一篇"言之有物"的文字来。

★ 因为想到了我们所想不到的意见，便能写出一篇"言之有物"的文字来。

　　读者诸君，你们的文字写得怎么样？也许已经写得平正通顺，抱撼的是写成功后，自己看看，看不出有什么可观的地方。假使每一篇文章都可以安上像"习惯成自然"那样的题目，那么，你们写的文章，也许是叫人家看了题目，便可以一览无余。这个缺点怎样弥补？这不能光靠国文一科，甚至可说不能靠国文一科。现在这篇选文，如果你们也以为写得不错，这不单表示作者写作技术的高明，而且主要是表示作者有思想，能根据老话谈出新的意思。这等于说，作者国文程度好，思想也好。国文程度和思想水准不是一回事。尽有人国文技术很好而思想很糊涂的。真正的好文章自然要"情文并茂"❶，内容技术都好。要做到这一点，决不能光靠对国文一科用功，必须多学各种的知识，多去思索，多去比较研究，使自己看一件事物，不仅止于表面，也能看到精微的地方。看到精微的地方，写出来便成引人入胜的文章。读了《习惯成自然》，我们应该体念到这一层意思。

❶ 情文并茂：指文章的思想感情丰富，文辞也很美盛。

　　就意思一方面说，你们对这篇文章完全赞同么？有什么修正或补充没有？（读了任何文章，都应该这样发问，这就是求知识、多思索、多研究的具体方式。）你们对于"习惯成自然，才是我们的能力"这句话有没有不同的意见？人类的习惯，显然有好有坏，我们能说好习惯坏习惯都是"我们的能力"么？作者因为觉得"习惯成自然，才是我们的能力"，接着主张"习惯养成得愈多，那个人的能力愈强"，你们对于这句话，又有什么问题或意见？正因为习惯有好坏的区别，好习惯是能力，坏习惯只有破坏我们的能力，所以我们不能说"习惯养成得愈多，那个人的能力愈强"。恐怕应该说，"好的习惯养成得愈多，那个人的能力愈强"。你们觉得对不对？还有，习惯恐怕不能一个一个分开来论多计少，因为那是一套一套的东西。例如，你有早起的习惯，你就易有饮食正常的习惯、早睡的习惯……这些是一套的习惯。假使这些习惯是好的，我们应该说这是一套的好。为求一套的好，我们便无法把养成"习惯的多"连系到"能力的强"。例如早起这一套的习惯是好的，我们便不能再加上养成夜里写文章的习惯，"一个"和"一套"如其冲突，那只有把这一个习惯取消。根据这样理由，我们似乎没法全部赞同作者"习惯养成得愈多，那个人的能力愈强"的主张。你们以为怎样？假使你们同意上面提出的修正意见，请问：文章应该怎样改法？读了一篇文章，多去找问题，出主意，再根据出的主意修改原文，这是最好的训练思想、训练作文的方法。

★ 读了一篇文章，多去找问题，出主意，再根据出的主意修改原文，这是最好的训练思想、训练作文的方法。

　　这篇文章的话虽然不少，剥皮抽筋，中心的意思只是"习惯就是能力，养成习惯就是教育"。光说这句话行不行？不行。光说这句，人家就要莫名其妙。我们读了这篇文章，觉得道理说得很透辟，第一是足以使人明白，第二是足以使人信服。这靠了什么？靠举实例。"习惯就是能力，养成习惯就是教育"只是一层道理。道理是抽象的，所谓抽象就是根据许许多多具体事实归纳出来，本身却不具体的意思。所以，说明一层道理，决不能光就本身兜圈子说明，最好把可以推衍到这一层道理的典型事实举出来，这样的写作过程符合了我们的思维过程。所以，这样的写法很通畅，读者看来也很明白。本文一上来就举走路说话的实例来说明习惯，这样具体的举例比了空洞的解释有力得多了。后文为要说明"如果连勉勉强强做一做都不干，当然更说不上我们有了那种能力了"，又一连举了四个例子。看过这四个例子，再来读"在相信人家的话很有道理的时候，只是个'知'罢了。'知'比'不知'似乎好些，但仅仅是'知'，实际上与'不知'并无两样"这些句子，便觉又明白，又信服。举例的方法有用得很，你们有意地试用过没有？

★ 举例的方法有用得很，你们有意地试用过没有？

第二讲　谈说理

这里又一篇文章，题目是《罢教和尊师》，作者署名陈茵。

四月里，在各种各样的罢工怠工之外，又多了一个教师罢教的运动。

教师待遇的菲薄❶，生活的清苦，并不殆于今日。在抗战期中，教师经常处在食不饱、穿不暖的状态中。他们忍耐着，把希望寄托在胜利以后。可是，一转眼就过八个月，这八个月毁了他们十四年来的希望。胜利和他们没有关系：大学教授还有不得不亲自挑水、劈柴、操作家务的：四川某小学教师家里有七个儿子，轮流穿五条裤子；北平❷的教授宁协万更演出了因贫困自杀的悲剧。这些事实很够告诉我们，为国家培育人才的教师们过的是怎样的生活。某教授说：当教员的现在成了"教育乞丐"，

❶ 菲薄：（1）微薄（指数量少、质量次）；（2）瞧不起。

❷ 北平：北京旧称。

104

实在是沉痛的真话。

教师们是明白自己的责任，忠于自己的工作的，他们再苦也没有改行，在罢教呼声起来的时候，他们内心的痛苦是可以想见的。他们罢教，直接受影响的是我们学生，可是，他们所以要争取待遇的改善，也是为了我们学生，为了让他们能够活着来继续教导我们。他们向社会提出控诉，控诉那过分的不公平。

因为教师们提到大学教授的待遇不及银行工友，曾经有人责备他们不该作这样的比较，不该以金钱为重，和别人一般见识，责备他们耽误了学生的学业。其实，教师也是人，工人也是人，教师并不是嫉妒工人，工人也没有发财，没有过好生活，教师可是真正活不下去了。至于耽误了学业，该负责任的是政府，不是教师。

我们政府规定：全国教育经费只占总预算的百分之四，包括各国立大学、专门学校、研究院和国立中学（其中由中央政治学校与干部学校占去了五分之一）。各国都很看重学术研究经费，我国今年的预算里面却根本没有这一项。至于教师的研究费，平均下来每人只能得到两千元。在这种情形之下，教师生活自然特别清苦了。

教师罢教声中，来了一个"尊师"运动，这运动由官方领导，要劝募基金二十亿，"以学生家长及工商领袖为对象"。

"师"当然应该"尊"，劝募❶基金却不见得能尽尊师的任务，募点钱来，救济救济，是一种临时

❶ 劝募：用劝说的方式募集。

的慈善事业。教师得了这点接济，先不要说心里是否好受，问题也决不能就此解决。

再说，把出钱的责任给家长和工商界领袖，政府的负担轻了，我们贫家的学生可就不得了。教师穷，学生也穷，我们进学校读书，并不是容易的事，一次学费已经吃不消，再要交第二次学费，哪里负担得起？事实上，学校是一种国家的事业，并不是做生意，知识也并非商品。如果说，教师生活太苦，学生就该多出点价钱，未免不合情理。

学生是爱护教师的，是同情教师的，学生自己发动的"敬师"运动就是一个证明。不过，劝募到底是一种治标的方法，学生的能力有限，只能如此。政府却应当拿出治本的方法来：增加教育经费，提高教师待遇，根据各地的生活指数作合理的调整；把学术研究经费列入常年预算，立刻拨出款子来，增加教师研究费，使他们安心工作。

从一国的文化，可以看出它的进化程度。教育事业的重要绝对不容忽视。现在中国的教育正遭到了不应有的危机，政府不能推开这个责任。

* 说理文章要做到两点，第一是说得使读者和作者自己一样地明白，第二是说得使读者和作者自己一样地信服。

这是一篇说理的文章。说理文章要做到两点，第一是说得使读者和作者自己一样地明白，第二是说得使读者和作者自己一样地信服。读者看了莫名其妙，或者容易误解；作者所说的道理，自己十分信服的，读者看了，却将信将疑：这样的说理文章便写坏了。

理怎样说清楚？理的难于说清楚是因为理是一般的、抽象的，自己清楚，人家不一定明白。要说清楚它，先要问自己对于一层道理是怎样明白过来的。我们的原始知识材料都是和理相对的"事"，一件一件零碎的现实的事。譬如学生发起尊师运动，原是希望以这个口号引起社会的同情，捐募相当多的金钱，来安定教师的生活。这是一层道理。于是张同学出去奔走了，李同学出去募捐了。张同学找到了一家工厂的厂长，厂长愁眉苦脸说了一阵子话。他的工厂对国家一年要纳多少万的税，纳税的目的就是希望政府好好用这笔钱的大部分来办教育，现在呢，他的工厂已经濒于破产，自身不保，实在帮不了忙。话句句都是实在的。这样一家一家走过，张同学奔波了一天，累得要死，可并没有捐到多少钱。李同学的父亲就是一个教员，他家里生活非常苦，他把尊师运动的消息高高兴兴地告诉了他妈妈，满以为妈妈听到这样消息，一定也非常高兴。谁料她摇摇头很沮丧地说：不行，不行！尊师总只能难得来一回，一次给老师们每人分一点钱，物价可是个无底洞，尊一回师就想塞没无底洞似的物价，这是全然不可能的。妈妈的话给李同学迎头浇了一盆冷水。类此的"事"遇见得多了，逐渐对

* 要说清楚它，先要问自己对于一层道理是怎样明白过来的。

107

原来尊师的道理发生了怀疑，"事"接触得更多一些，也许恰好这时听别人一次演讲，看一篇文章，谈到尊师不能作为解决教师生活的方法，于是一个新的道理涌现上心头。"理"从哪儿来？理是从事的接触、认识发展起来的，离事无理，所以要说明"理"，最好莫过于把事清楚准确地反映于读者之前，对事愈熟悉，对理愈明白。所以，说理文顶怕充满了像从天上掉下来的自我介绍词，如"最清楚不过的……""毫无疑义的……""……这还有什么问题"。这样话的惹人讨厌决不下于参加竞选者的"某某为国为民，敢做敢言""请投某某一票"之类的恶俗不堪的宣传。讲道理要重事实，这是写作说理文字的第一要则。

以这样观点来评论《罢教和尊师》这篇文字，我便有如下的意见：

（一）这篇文字的主旨是在说明教师罢教是为生活所逼迫，出于不得已，因此耽误了学业，该负责任的是政府，不是教师；尊师并不能解决教师的生活问题，劝募的对象是学生家长和工商领袖，更不合理，政府应该拿出治本的办法来。这两层道理之中，第一层比第二层说得明豁❶些。区别是在关于第一层，作者举出"大学教授还有不得不亲自挑水、劈柴、操作家务

❶ 明豁：聪明豁达；明朗开阔。

的……"几个事例来，使读者得下这样的印象：生活逼迫到这一步，无怪教师只好罢教。而关于第二层呢，作者只是轻描淡写地提出"问题也决不能就此解决"一句话，作者完全没有把所以然交代清楚，恐怕细心的读者要问：二十亿不是一笔大数目么？何以"决"不能解决问题呢？换言之，就是因为缺少了提供事实的根据，作者认为"决不能"的，读者还有点不明白。如果作者在未下这个结论以前，先说出学生劝募时碰壁的情形，结束时数额的大失所望，再说出从尊师运动开始到结束物价的上涨情形，再加上记述尊师运动时期，教师的困苦以至自杀等惨剧，而后下尊师决不能解决教师生活问题的结论，便要明白得多，自然得多。

（二）关于第一层论旨的表达，也不是没有缺点。教师罢教，耽误了学生学业，该负责任的是政府，为什么？结论提出了，读者也许还是不大清楚。这里作者恐怕需要补充两种事实材料。第一是教师在未罢教前曾经再三呼吁，政府不是置之不理，便是敷衍搪塞，教师被逼得无路可走，这才发动罢教。第二是战后国库虽然支绌❶，但究比战时要宽裕得多，现在教育经费预算的所以如此之少，是为了给军费占去了预算数额

❶ 支绌：见"支左诎右"。支配不够。

之百分四十三，钱的无有是一个问题，支配的妥当与否又是一个问题。在这里最好举出几年来我国教育经费占总预算百分比的比较以及复员时期世界各国和我国教育经费所占国家总预算百分比的比较。补充了这样的事实材料，即使作者不提出罢教的负任问题，读者也会从心坎里作出政府应负全责，老师不尸其咎的结论来。

（三）这篇文章的结论说："从一国的文化，可以看出它的进化程度。教育事业的重要绝对不容忽视。现在中国的教育正遭到了不应有的危机，政府不能推开这个责任。"这一段话的道理并没有错，可惜是从上文的材料，发展不到这样的道理，所以这段话便有些孤零零的，和以上的材料没有黏得牢靠。我想把它改成：

建国时期，教育第一，这句话自从说出后不晓得经多少人复述过，现在已经变成一句滥调了。在这个教育第一的建国时期，偏偏教师们给逼得不能不罢教，学生们给逼得不能不参与尊师，以尽自己的一分心意，这真是政府的奇耻大辱。如其政府不想把"建国时期"改为"战争时期""教育第一"改为"军事第一"，便得及早回头，负起全责来实现上文的主张。必须如此，才能根绝罢教的危机，确立尊师的基础。

这样一改也许读者全文连读，更觉顺口一些，而意思的发展也见得很自然，论旨的要点更明豁坚定。不知原作者和读者以为然否？

说理文章要使读者信服作者所提供的论点，集中力量是一个重要条件。说这个是，便得方方面面都说这个是，不容其中有一二面说这个非，有一方面露了这个非的意思或者这样的推论，这便是力量不集中，自己削弱营地。然而力量集中并不等于无原则地斥除敌对的论旨，好像审查官一样，只要不大顺眼，便不分青红皂白地不许出现。这样的胜敌其实是怯敌，这样的写作方法是法西斯主义的写作方法，这样的说理文章里除掉独断武断的装腔作势外将一无所有。我们千万不要学这些坏样。但是如果自己已经认准了真理，对于敌对的论旨也不可有一丝一毫的软弱妥协，以致削弱自己的力量。要找说理文章这一方面的范本，我不能不特别推荐鲁迅先生的杂感，他决不颟颟顸顸❶地无视敌对的论旨，或者不按战士待遇地虐杀他；不，他十分有容量地介绍他敌对的观点到我的文章里来，忠实地报导，认真地分析，然后举起矛子来击中敌人的要害，让他原形毕露地僵死在读者之前。他对敌对观点的探求是极大量的，但对敌对观点的抨击是极无

❶ 颟颟顸顸：糊涂而马虎的样子。

111

情的。作为一个为真理服务的战士，他没有武断，也从不妥协。作文作人，我们都得学这样好榜样。

以这样观点来评论本文，我又有两点意见：

（一）本文第四段提到有人责备教师们不该以金钱为重，不该和银行工友比较云云，作者怎样应付这个论敌呢？他说："教师也是人，工人也是人，……工人也没有发财，没有过好生活……"这样的辩解，显得太软弱无力了。我想，这一段应该改成：

> 因为教师们提到大学教授的待遇不及银行工友，曾经有人责备他们不该作这样的比较，不该以金钱为重，和别人一般见识，责备他们耽误了学业。对教师们还好提出这样的责备，我们真不知怀的是什么心肠。他们全不看事实：教师们过的是怎样悲惨的生活！教师们没有跟贪官污吏比，没有跟奸商巨贾比，就为不跟他们一般见识，各行其是，但跟受政府规定待遇的国家银行工友比，有什么不合理？政府规定给银行工友那么样的待遇标准，为什么不可以应用到教师们的待遇上来？这不仅是物质的差别待遇，也是精神的不平待遇。教师们有充分权利指出这样事实，向社会人士控诉。同时也就是教育政府，教育社会。为了不忍使学生蒙受损失，教师们不知表示了多少意见，写了多少文章，奔走呼吁，曲尽能事。政府，不是装痴装聋，置若罔闻❶，便是敷衍搪塞，得过且过，实在给逼得无路可走了，教师们才忍痛罢教，因此而耽误学生学

❶ 置若罔闻：放在一边，好像没有听见似的。指不去过问或不予关心。

业，该负责任的是政府，不是教师。

（二）批评尊师的几段文字，力量也不大集中，好像打拳，东一拳西一拳，没有朝一个标的用力打。譬如主旨是指出尊师并不能解决问题，治本的方法还得由政府拿出来。但作者笔一滑，只是说"教师得了这点接济，先不要说心里是否好受"，急急忙忙就接到"问题也决不能就此解决"。这样的说法里暗示了尊师运动的缺点好像重在教师的心理不安，物质上的无济于事❶，倒又降而为次了。又，在尊师运动中，教师和学生、学生家长的立场是一致的，从教师的立场说，是尊师所得不能解决教师生活问题，从学生或学生家长的立场说，是政府已经从人民手里拿去了办教育的钱，不应用募捐或缴第二次学费的方式再向人民压榨。莫说家长负担不了，即使负担得了，也要质问政府，管教养卫是政府四项重大措施，向人民收来作四分之一重大措施开支的金钱，政府用到哪里去了？应该这样写，才是箭箭朝向标的的写法。作者说："知识也并非商品。如果说，教师生活太苦，学生就该多出点价钱，未免不合情理"，这样的写法便是使教师和学生或学生家长站在对立的立场，尊师运动对学生家长假使有一百分的不合理，教师好像要分百分之三四十的罪

❶ 无济于事：对事情没有什么帮助或益处。比喻不解决问题。

过。请问：这是作者的原意么？

由上面的研究，我们得出了一个原则，说理文要作到使读者清楚，应从事实的指陈阐明道理，要作到使读者信服，每一句话都要集中在一论旨，不要自己分散力量。

★ 说理文要作到使读者清楚，应从事实的指陈阐明道理，要作到使读者信服，每一句话都要集中在一论旨，不要自己分散力量。

第三讲　人物思想及其他

这里又有一篇文章，题目是《他变了》，作者署名萧林。

金文，我的邻居，这家伙陡然❶变了，而且变得那么利害。

"我自己也觉出来的。"他说，"我是变了，变得和从前大不一样。但以前，以前是错误的。"我们望了他半天。

"可不是吗？以前我把我的失业归咎到参加过伪组织，归咎到没有本事。但是现在……"

他可当真找不着事情，参加过伪组织也不假。沦陷时他和我们一样的没有逃出来，加之他家的人口多，只有指望他干个小事糊糊口。至于没本事，我可不相信，别看这家伙样子不强，又矮又瘦的，肚里着实有几下呀。要弄个什么公文、电报、这

❶ 陡然：骤然；突然。形容形势急转，令人猝不及防，感到意外。

表、那表，嚇！满在行，顶多用不上二十分钟。

"现在怎么样？"不由得我要问。

"现在是怨官场黑暗！"

这家伙可真变了，从前他安分得很的，现在会说起"黑暗"来了。

"我们没有钱，"他站起来了，脸急得通红，"我们没有门路，我们没有投机的手段，我们没有活剥老百姓的狠心！他们做大汉奸的现在没有事，不但没有事，反而更阔起来了。他们那群贪污的，他们那群贪污的也是没有事呀，而且有功，而且升官，而且……"

他说得几乎喘不过气来。

"冷静一点。"

"不，不，让我说下去，让我一口气说下去。你想想，我们在挨饿，我们为什么挨饿呢？我们没有抢劫过人家，我们也没有杀过人，我们犯了罪？我们……"

这一切，确确实实地证明他变了。在以前，我的记忆里——

"林，好好地读书呵！在鬼子底下不要忘了祖国，不要受了鬼子的奴化❶，等待吧！我们快胜利了，我们将要见到光明，得到幸福，永远永远没有捆绑我们的枷锁铁链❷，永远永远没有监禁我们的囚室牢狱，要爱就爱，要恨就恨，要哭就哭，要喊就喊，有自由，有平等，有一切，我们将要躺在祖国的怀抱里，让她抚摩，抚摩这阔别了好几年的孩子，满身疮痍❸的孩子！"

他一和我见面，就向我这样说。并且每回说的

❶ 奴化：侵略者及其帮凶用各种方法使被侵略的民族甘受奴役。

❷ 铁链：原书为"铁练"。下同。

❸ 疮痍：原书为"创夷"。下同。

时候，都带着微笑。在这微笑里，我看出了他的乐观，他的快乐的梦，他的无限的希望。

同时他自己确是在拼命地读书。

"在班上，他们不许我读三民主义，不许读生活书店的书，但我，但我偏要读，我回家读，回了家谁也管不着！"

下了班，天不早了，有时他比我散学还要晚。他有办法，他搭灯，他"开夜车"。

"为什么我不拼命地读呢？胜利之后不正需要我们来'建国'吗？趁这种机会，趁给日本鬼子干事的机会。"他认为给鬼子干事可以尽量的马虎，而尽可能的抽出时间来干他自己读书的事。

他还参加了秘密组织，对于祖国有益的秘密组织。

他还写文章，写富于激动性的文章，那上面他吐露着酷爱祖国的话。

他还经历许多许多的危险。他遭受特务分子的注意。有一次，他一夜没有回来。据他说是被扣了一夜。那时候，所谓特务分子都是日本鬼子雇的，因为日本人钱出得多的缘故吧，那些东西挺不要脸的认真地干。一被抓走，好家伙，上日本的宪兵队呀！酷刑，拷打，黑屋……

虽是这样，还阻止不住他的斗争。他在他的文章里打比方（也因为顾全编辑的面子）。

唉！以后我要怎么来写呢？

胜利果然是胜利了，但这胜利给他带来的是失业，是饥饿，虽然他也曾为胜利而狂欢。而他的那

117

个秘密组织据他说也解散了。

"当然，几个年青人的组织是幼稚的，怎比得上人家的'地下工作'呢？我们只有解散。胜利了也用不着和鬼子斗争了呵！难道我们还想请'功'？"

他向我说，声调是那么自然。

"然而现在，"他几乎喊起来，"我愤怒，我后悔，为什么解散呢！那群根本什么也不懂的汉奸倒来冒充他们有这工作，有那工作了。他们，他们在从前敢跟日本人说一句硬话才怪呢！"

"这还不说。最可恼的是我找不着职业，我在挨饿。而那些贪官污吏们，那些真正的汉奸们，那些甚至连字都不认识的人们，他们却在享福！"

"我怀疑了大众的力量，为什么不起来呢？起来铲除这些东西！"

"你成了绥惠略夫。"

"那可是确确实实的在我称之为'经验'，而在你称之为'愤慨'的。"

"你怎么会变得这么快？"……

"原因就是我的希望受到了极大的打击。我本来认为这次中国的胜利准会带来一种历史性的教训，叫我不再自私了，不再贪污了，不再守旧了。我认为以后中国一定会很强盛……"

"但是，"他陡然❶又激昂起来了，"仍然自私，仍旧贪污，仍然守旧。不但没有接受了十四年来的血的教训，而且，反倒又添了'投机'！你看看茅盾的《清明前后》，那上面的后方卑劣的情形，就拿

❶ 陡然：骤然，突然。

眼前来说：汉奸会变地下工作，那些来自西天的人们会攻门子找什么接收委员！……在以前沦陷时期和刚刚胜利的时候，我对于祖国还有着热烈的希望和期待，所以我为着祖国斗争，为着祖国流血，但现在什么都没有，有的只是愤怒，只是悲哀。以前找不着职业我不难受，我觉得无论怎么样好：反正现在有了祖国，反正不会再做亡国奴！但现在看到的祖国不是我所想的祖国，这不是我所想的祖国呀！"

他要哭出来了，继续用着颤抖的声音说下去：

"还有内战，刚同人家打完，就又调转口，中国人打中国人！哪里是我所想的祖国？哪里是我朝朝暮暮望着的祖国？我不想爱国了。"

"不想爱国？"我惊异地问。

"是的，我不想爱国了，我不想爱这个不是我所想的祖国！"

他爬在他的床上当真的哭泣起来了。

"我的面前只有两条路，"他抬起头，"一条是我自杀，而另一条……"

"另一条是什么？"

"另一条是我要去破坏！破坏这个不是我所想的祖国，破坏了我再建设。"

我看着他的双手，他的握着拳头的双手。

"无论别人怎么说我，我就是这样的决定。"

三天后，他当真来向我告辞。

他含着眼泪望着我的脸……

我也是那么难受。我问：

"你预备往哪里去呢?"

"这不关紧要,问题在于我的以后的工作。"

"工作?"

"就是那样。"

我瞪着眼看着他走,他领着他的母亲、他的弟妹、他的妻子……一大群往门外,走,走……

头几天还有几人谈论他,之后渐渐的都把他忘了。

我是默默的,永远地为这个有意思的邻居的前途祝福。

《他变了》是写一个人的变动,主要的是思想上的变动,主旨是在写出知识青年在抗战胜利前后观念的剧烈变动。胜利前怀着"我们将要躺在祖国的怀抱里,让她抚摩,抚摩这阔别❶了好几年的孩子,满身疮痍的孩子"的美梦的,胜利后竟然变成"不想爱国,不想爱这个不是我所想的祖国",甚至认为"面前只有两条路,一条是自杀,另一条是去破坏这个不是我所想的祖国"。这在对国家的感情上确是多么惊人的跳跃啊!

文中的主角金文是个知识分子。作为一个知识分子,意识变化对整个生活的影响是异常巨大的。作者的刻画一种知识分子型也正是凭借了刻画一种观念型的手段。抗战胜利前后,人心——大后方的人因为司空见惯❷,所以不如切盼克复的沦陷区人民那么剧

❶ 阔别:长时间地分别;久别。

❷ 司空见惯:表示看惯了就不觉得奇怪。出自唐代刘禹锡《赠李司空妓》。

120

烈——的确呈现极大的波荡。作者一定有感于此，才借了金文写下知识分子的反应以及他的看法的变异。我们研究本篇，就得研究作者对于金文的意识变化写得怎么样。

金文在胜利前是怎么样一个人呢？

第一他"安分"。表现在行动上的是"他家的人口多，只有指望他干个小事糊糊口"，于是他就参加了伪组织。表现在观念上的是他把胜利后的失业"归咎到参加过伪组织，归咎到没有本事"。（"归咎"一词，口语不常用。）他在沦陷期间又参加过"对于祖国有益的秘密组织"，胜利后解散，他也很"安分"地解释道："当然，几个年青人的组织是幼稚的，……胜利了也用不着和鬼子斗争了呵！"

第二他乐观。他做着"快乐的梦"，他有"无限的希望"。他想象胜利以后"永远永远没有捆绑我们的枷锁铁链，永远永远没有监禁我们的囚室牢狱，要爱就爱，要恨就恨，要哭就哭，要喊就喊，有自由，有平等，有一切"。他的乐观可以说已经达到了任性的地步。

第三他"爱国"。他劝告过作者："在鬼子底下不要忘了祖国，不要受了鬼子的奴化"。他"拼命地读

★ 我们研究本篇，就得研究作者对于金文的意识变化写得怎么样。

书"动机也在爱国,他说:"为什么我不拼命地读呢?胜利之后不正需要我们来'建国'吗?"他还有不少具体的爱国举动。他参加了"对于祖国有益的秘密组织""有一次,他一夜没有回来。据他说是被扣了一夜"。"他还写文章,写富于激动性的文章,那上面他吐露着酷爱祖国的话"。

　　在上述的三点性行之中,"安分"和"爱国"是不大协调的。安分到可以参加伪组织的知识青年却如此酷爱祖国,在同一个人心里,怎样维持两者矛盾的平宁,这是颇费索解❶的。"趁给日本鬼子干事的机会"来拼命读书,为了准备满足建国的需要,这也是令人无法捉摸的想头。他的解释是"给鬼子干事可以尽量的马虎,而尽可能的抽出时间来干他自己读书的事"。我们不明白他所谓"尽量"和"尽可能"的内容和限度。给鬼子干事真可以马虎到对祖国毫无害处,这简直是不可思议!假使真有此等事,那很多附逆者的罪行,大有掩盖文饰的余地了。我们以为这种"附逆准备建国论"是一种汉奸理论,是一种荒谬的思想!抗战胜利前的金文,根据以上的分析,实在是个莫名其妙的家伙,作者假使不是自己也弄不清这些观点的出入,便是被金文欺蒙了。他的思想本质既是这样不清

❶ 索解:寻求解释;探索意义。

122

楚，那他的意识变动如其没有经过严格的自我批判，就不会准确地反映抗战胜利后的现实。譬如他若是没有克服他的"安分"，那么他何尝不能参加他认为不满意的工作组织？他"脸急得通红"所说的"我们没有门路，我们没有投机的手段"一类话，给他的"安分观"联系起来，顶多只能看为无聊的牢骚，决不能就当作对于现实的准确批判。对于现象不满，在现状不满到无可隐蔽的时候，虽在现状不满制造者的嘴里笔下也会发现。对于现状不满不就等于思想进步。举近一些的现实例子，当朝权贵中抨击时政，大喊打倒官僚资本者也不乏其人，汉奸们也提出对于胜利后贪污横行的指摘，你能相信他们是真正思想进步了么？没有这回事的！思想进步的涵义必须是把原来弄不清澈的事理弄清楚，原来只看见表面的后来能够鞭辟入里❶。"变"应该有进步的意义。金文的意识，变是变了，但前后贯串起来观察，不能说是进步。

金文在胜利以后的想头怎样呢？

他的安分论一变而为破坏论了。他要破坏这个他所想的祖国，拖了一个尾巴，"破坏了我再建设"。他不光是"要"，三天后就开始新的行动，"他领着他的母亲、他的弟妹、他的妻子……一大群往门外，走，

❶ 鞭辟入里：原指学习要切实。现常用来形容言论或文章说理透彻、深刻。

123

走……"走到哪里去从事破坏而后建设的工作呢？现在的交通费那么贵，一个"找不着职业""挨饿"的青年还能带了一大群人走，走，这不能不算个奇迹！作者"永远的为这个有意思的邻居的前途祝福"，我看这个"福"是"祝"不了的，假定金文和作者都是在上海的，那么只有祝福他趁车刚到南翔，粮食断绝，正在彷徨无计的当儿，忽然碰到了沦陷期间"对于祖国有益的秘密组织"里的一位老同事，嚇！现在抖起来了，就在南翔当一个 × 长或 × × 长，顾念旧情，马上收容他的全家，给他委了一个月薪连外快❶足够养家的差使——这时，他的已经沉淀了的乐观论也许又要抬头，"所想的祖国"或许觉得大致也就是这个样子。这自然纯粹是我添上去的想象，但比了"走，走……""破坏这个不是我所想的祖国，破坏了我再建设"，现实性似乎还稍强一些。金文所想的，不仅是不现实，而且是歪曲了！

他不再乐观，作者把他写成由"要哭出来"而到"爬在他的床上当真的哭泣起来了"。他甚至想到他的前面有一条路是自杀。他的"愤慨""激昂"是现实的，理由却在他有了不现实的乐观。他对于胜利后的热望是经不起推敲分析的，他也无视抗战十四年多中国

❶ 外快：指正常收入以外的收入。

国内政治情况的变化。他也不看一看胜利的获得有哪几种可能的情况。他把"有自由，有平等，有一切"等字眼硬装在胜利之后。这样不现实的乐观论自然只有召致哭泣，哭泣之后，如果不能静下心来检讨一下自己的想法，那么，他的意识虽是变了一点，但并没有进步。

他对于祖国的感情，变化最大。他为祖国的"仍然自私，仍旧贪污，仍然守旧"而痛心，而且提到了反对内战，怀疑大众的力量。他下了这么一个结论："哪里是我所想的祖国？哪里是我朝朝暮暮望着的祖国？我不想爱国了。"他所想望的祖国是怎么一幅景象呢？"不再自私了，不再贪污了，不再守旧了，……一定会很强盛。"他光要求不自私，不贪污，不守旧。他没有了解怎样才可以不自私，不贪污，不守旧。金文这个知识青年也实在见闻过于谫陋❶了，难道已经家喻户晓的民主的道理都没有听说过？民主是不是达成不自私，不贪污，不守旧的必由之径？如其是，他的面前便没有他所谓的两条路，而只有一条路。现在千千万万的中国人不满意于现状，惶惧❷于局势的严重，但都不会减退信心，为什么？因为看清了路只有民主这一条。没有这样起码的认识而侈谈爱国或者不

❶ 谫陋：浅陋；简陋，粗略。

❷ 惶惧：恐惧，惊慌。

想爱国，这位金文是可耻的。离开了这样的建国大道，妄想妄行什么"破坏了我再建设""走，走……"，任他走到哪里都要碰鼻子回头的。

根据以上的分析，我们觉得金文在抗战胜利前的想头固然是莫名其妙，抗战胜利后的见解也并没有进步多少。显露出来的金文式的国家观，根本上是要付诊察的。自述"我是默默的，永远地为这个有意思的邻居的前途祝福"的作者愿意不愿意来对金文，也就是对自己所创造的知识分子型、观念型加以严格的清算？

本篇在这一层上实在有着基本的错误观点，其余枝节的小毛病还有，如：

（一）原文第四段说"顶多用不上二十分钟"，似乎要加上"人家一个钟头都缴不了卷的东西，他"这样十五个字。

（二）第十八段"而尽可能的抽出时间来干他自己读书的事"这个部分里有可以酌改的地方，"而"字用在这里，语气不合，可以改为"不妨""应该"一类的词语，"干他自己读书的事"太噜苏了，改成"读书"不简洁一些吗？

（三）第二十三段"他在他的文章里打比方"一

★ 根据以上的分析，我们觉得金文在抗战胜利前的想头固然是莫名其妙，抗战胜利后的见解也并没有进步多少。

126

句中，"打比方"一词，意思不够明豁，是否可以改成"他在他的文章里一面固然尽力减少编辑的为难，一面却从来不肯放弃自己严正的立场"？

（四）第二十八段"那些甚至连字都不认识的人们，他们却在享福！"这句话更值得斟酌❶。莫非连字都不认识的人们便应该去受苦么？至少这里有语病。

❶ 斟酌：考虑事情、文字等是否可行或是否恰当。

127

第四讲　典型人物的描写

这里选下的一篇文章，题目是《韩新》，作者署名矛。

二十堡上下的钱塘江面，这几年来，一天天的淤塞❶起来。进口时候澎湃怒号的潮水，滚到这一带，已经可怜得像泥沟里的水了。在这个海塘边的镇市里，高耸着几座斑驳的碉楼，里面住着一排"保安队"，排长叫韩新，一个不到三十岁的北方人。他搞这伪军已经两年，跟着他现在的大队长，打俘虏训练营一出来，就赤手空拳地从三根枪两根枪零落增添，搞起这支队伍来。有时几个旧日俘虏营的伙伴也会满意这个成绩，认为是他们赎罪的本钱。但是他呼吸不惯这里的空气，在这个永远看不顺眼的红膏药旗子❷飘扬的世界里。他每次懊恼起来的时候，他的大队长总安慰他说：

❶ 淤塞：谓水道阻塞不畅通。

❷ 红膏药旗子：指日本国旗。

128

"忍耐着，忍耐着，我们的翅膀还不够硬朗哩！"

等到哪一天呢？他也没个数目。不过凭良心，这支队伍里除了那些拖家带眷，抽大烟，或者靠了势力做生意，喜欢同日本人联络联络的官儿们之外，存心呆在这里享福的，在他看来，似乎还少。只是一天不离开这环境，就多戴一天黑帽子。说崩了吧，拉了队伍走，又对不住同过生死的一班朋友的义气。想到这个时候，他就来上半斤白干，喝它个糊里糊涂。

今天韩新又多喝了点酒，醉醺醺❶地跑上街，队部门前一些做小买卖的见了他，向他打招呼：

"韩排长，上街啦？"

"嗯！"他漫然应着，心里可难受，谁保险这声亲热的招呼的后边，不是"这个汉奸！"这样一句毒骂？仰头看看天，八月的太阳火辣辣地炙人，一点雨意也没有。他心里诅咒，这个天哟，就该枪毙！一连晒了二十几个大太阳，不顾庄稼人的死活，秋季等着下种哪！

不觉得这条只有七八十家门面的街道已经让他走了一半。一家米店的老板招呼他：

"坐坐吃碗茶，韩排长。"

他走进米店，店里像多时离了人似的，米囤子米折子都收起来了。

"老板，要办什么事吗，收拾得这么利落？"

"哪里？韩队长，"老板愁眉苦脸地说，"没有米卖了。米价涨过了六七十万，谁还吃得起米？锅

❶ 醉醺醺：形容人喝醉酒，醉得一塌糊涂的样子。

129

里没有，碗里也没有，小店预备收歇了，日脚难过着哩！"

"新谷就要登场，还怕没有米卖？"

"庄稼人一把新谷，缴军米都不够，连这个穷区，都要摊上四百石，穷人早连青苗出卖了。北边村上一家大小五口，只剩了两斗米，都被保长搜了去。那家的女人不是投河自尽了？唉！日本人，警察，保安队，乡保长，哪个不是不花一个钱吃白米！"

老板沉沉地叹着气，忽然觉得说溜了嘴，看看韩新红红的满是酒气的脸，马上慌张起来。这家伙不会发酒疯吧？不会借了通匪的名义，又办个罚款，补助军费的罪吧？又想挨到了今天，横竖死路一条，死了倒也痛快。

出乎老板意料，韩新却一声不响地低头走了，老板的言语痛苦地啃着他的心。

——不花一个钱——吃白米——投河自尽——逼死了一个女人，何止一个女人！——要不是出来打仗，还不是赤着脚下地做庄稼！——在徐州、汉口，在那些游击区里，都是向日本人放枪的，当俘虏，打嘴巴，摔跤❶，狗咬……那些在一条战沟里滚了多年的战友，折磨病了，死了，拖出去杀了！挨到今天，反而还得在日本人的脚下，跟着他们坑害同自己同样出身的平民老百姓，拼了多少年，难道就为了这个？不行！——他当了大队长要忍耐，韩新忍到哪天才有个止境？他忍下去，会升官，会发财，韩新不稀罕！——韩新忍不下去！

❶ 摔跤：原书为"摔交"。下同。

街尾，他撞见了他队里的一个兵，他叫住那个兵说：

"叫值日班长派两个公差，都带枪！"

那个兵回去不久，就来了两个武装齐全的兵士，向他行个举枪礼。他把手挥了挥，开步走上公路。两个兵也莫名其妙的跟上去。

一路上他不想正眼去看身边来往的行人，他料想老百姓是表面上敬他，怕他，骨子里骂他，恨他。但转而一想，真的见不得人了吗？问心无愧就是。他抬起头来，公路两旁，一片青黄相间的稻田，有几处已经在掼稻了，传来单调的"通！通！通！"的声音。他想这些谷子如果是自己亲手种的，王八旦才让一个钱不落缴了军米给人家白吃！

他冲着一股子兴，走到离他防地有七八里远的沪杭线通过的一个大镇上，这是大队部所在地。

他经过一所日本营房，营门前一个瘦小的卫兵扶着一支三八式站着，活像就要被风吹倒的一段细木头。

——简直越来越不是对手，一拳不打你翻个筋斗才怪！凭什么受你们的鬼气！

韩新心里想，以前那肥壮得像条牛的日本兵哪儿去了？新近调来的都是这些矮小瘦弱的家伙，日本人不行了，不中用的家伙都出来打仗了。打吧，哪怕只要向日本人放一枪，斫一刀，也就出了这口毒气！

"我一个能揍他们几个？"韩新举起拳头，扬扬胳膊，"你们倒❶说说看！"

两个兵互相对看了一眼。闹不清他想揍谁。

❶ 倒：原书为"到"。下同。

131

今天这条街上有点异样，人是三个五个闹轰轰地东集一团，西聚一堆，经过一些熟识的店铺，虽然也打招呼，可总有点不自然，脸上似乎带着一种不屑的神气，不屑之中含有掩不住的喜悦。

几个小学生一路上跳着蹦着嚷过来，有一个小孩朝着韩新他们指指戳戳地咕嚷：

"不要神气活现，日本人都投降了！"

"说些什么？说些什么？"韩新不肯相信自己的耳朵。"你俩听见这些孩子说什么？"

两个兵就去追那孩子，几个孩子拔腿跑开了。

一个人从后边走过来，拍拍韩新的肩膀，说：

"穿军装的少在街上蹓跶吧，日本人投降了！上海报纸讲的。"

韩新回头一看，是大队部的徐司书，这家伙已经换上一件大褂子，摇摇摆摆的。他又注意店里的街上的人们的脸色，越来越不对了。他几乎像逃跑似的溜进了大队部。

大队部也正乱了营似的，闹轰轰的，一团人争先恐后地抢着一份报纸。一个传令班长忽然抢着报纸跳上一条板凳，大声地叫：

"不要吵，听我念。日本接受波——茨——坦——宣言……无——条——件——投——降……已将——这是个什么？哦！牒，牒文❶送交瑞士转达联合国……"

那班长看见了韩新，滑稽地行了个礼，说：

"报告韩队长，日本人投降了！"

一团的人也忘情地众口同声叫：

❶ 牒文：公文；文书。

"日本人投降啰！"

韩新心里简直不是个味，头脑子"嗡嗡"地打旋。这突然到来的事情，他不知道该高兴，该大叫，还是该哭。他又冲到大队长房间里，那儿也有不少人团看一份报，那些人的脸上，是惊异、兴奋、懊丧❶混合而成的表情，他叫了声"报告！"大队长抬头看见他，说："来得正好，正预备开紧急队务会议。"而后大家又锁住嘴看报，不说一句话。

晚上，少尉以上的官佐都来开会。大队附是在开会之前赶到的。他说他去日本联络官那里联络了一次，日本人讲，他们还没接到正式命令，不说是真，也不说是假。在会议上，大队长提出了以后队伍的出路问题。大队附主张看风行事。大队长说已经和××游击纵队司令接洽过，而且奉"独立大队"的委令和番号。排长以下的横竖顺大浪淌，大家说怎么办，就怎么办。最后决定，先集中队伍。

散了会，几个排长杂在士兵中间闲扯起来。

"你预备做什么？"

"哈哈，我回家去看看老婆。"

"没出息的家伙！你呢？"

"我想回家去种地。"

"我去开一间小吃食馆子。"

"喂喂，我到你馆子里吃东西，可要赊账的。"

"哈！哈！哈！哈！……"

韩新回到防地向弟兄们说了这消息，又领着大家大呼三声"中国万岁！"弄来一坛酒，添点菜，跟弟兄豁拳，闹酒，推牌九，一直到快要天明。

❶ 懊丧：懊恼、沮丧的意思。

133

第二天就把队伍带回大队部。

第二天，消息反而沉寂下去，日本兵竟上街示了一次威，这搞的什么鬼呢？韩新跟着大家焦虑，怀疑。他看见日本人上街的时候，老百姓虽然还露着点惊慌，但他看透他们骨子里的喜欢，肉店里的肉，酒店里的酒大行大销，简直是烧滚了的一锅沸水，锅盖也盖不住似的。尽管警察敲着锣叫禁止放鞭炮，各街各巷还是不断的"噼噼啪啪❶"，等警察赶过去，只剩下一堆纸花冒火星。就是看见了人，也只好央求说："日本人还没走哪，喂！犯不着吃眼前亏。"有人骂他们说："你们也跟日本人去吧！"警察只好夹住锣不敲了。

韩新他有时也想起自己的将来，还当兵呢？还是回家种地？如果一直当老百姓，今天不也跟着他们一样地狂欢，一样地放放鞭炮欢迎自己的军队？可是，现在像被万人踩在脚底下，为什么不在以前拖了队伍跑呢？他痛苦，想发疯，就狂乱地喝酒，喝酒，一天到晚醉醺醺。

到八月十一日，《和平》报纸上正式揭露"天皇"的"大诏"，乡下发出了中央广播命令的油印传单，县政府的国民团、自卫队，挺进到距镇三里之地。大队长又召开了会议，说队伍已经改编成××纵队独立大队，不久就要调到某地整训。韩新没心肠听这些话，他喝醉酒吵着要打日本人，要抢日本店。大队长阻止他，说中央有了命令，各安防地，对日本人要有大国民风度。可是韩新一肚皮火烧着他的心、他的肺，他一刻也安静不下。会议

❶ 噼噼啪啪：原书为"劈劈拍拍"。下同。

134

刚散，他就私自带了队伍冲上火车站，缴来八支步枪，捉来九个"爱路班"（日本铁路防护班里的中国人），绑着一个日本班长。

有人说："这要闹大的！"

韩新说："两年多就只痛快这一回，天坍下来，我韩新一个人顶！"

大队长对他发了脾气，说："这是不服从命令，没有命令私自行动，我要禁闭你！"

韩新颤抖着流下泪来。

"好吧！禁闭也好，枪毙也好，韩新跟了你大队长两三年，你总是忍耐，忍耐，忍到今天，没有能向日本人放一枪呀？斫一刀呀！这一肚皮的冤枉哟……忍到今天，总归还是个汉奸哪！"他号啕大哭，泪水顺着鼻子两旁挂。

忽然一个卫兵来报告：有许多日本人来了。

韩新跳起来，冲到门口，抬起卫兵的枪，举起来吆喝：

"停止！"

日本兵停止了。

"一个人走过来！"

领头的日本兵慢慢走过来。

"手举起来！"

那日本兵尴尬❶地举起来两只手。

❶ 尴尬：处于两难境地，不好处理；（神色、态度）不自然。

《韩新》是一篇小说，写伪军中一个低级军官在战争结束时的心理矛盾。这个低级军官"呼吸不惯这里的空气，在这个永远看不顺眼的红膏药旗子飘扬的世界里"，他勉强忍耐着。胜利来临了，他越发痛苦不安，结果是"私自带了队伍冲上火车站，缴来八支步枪，捉来九个'爱路班'，绑着一个日本班长"，大队长因为已经奉了"'独立大队'的委令和番号"，故对他大发脾气，他直气得"颤抖着流下泪来"。

这篇小说的取材是很新鲜的，也是很重要的。在抗战胜利的时候，如何处置伪军确然成了一个问题。目前的处置办法是不管他伪不伪，只要能纳入自己的系统便马上可以改"伪"为"国"，甚至改也不消改，只要说一声是地下工作人员便行了。假使这样处置是合理的，那么这篇小说也就失去了意义。因为韩新和大队长大队附之间已经没有什么区别，"韩新型"便提不出来。事实上，伪军一定不是这样单纯的组合，说所有的伪军都是奉命从事地下工作的，所以今天应该全部毫无条件地收容整编，这样的话恐怕没有一个人能够相信。然而，采取了另外一个形式主义的观点，说伪军尽是汉奸，所以除掉"杀无赦"外，不应再有其他措置，这样的意见，也是不准确的。因为伪军中像"韩新"这样的人的确也有不少。对伪军应该作一回定性分析。让我们凭借对于伪军准确了解的资料，作合理的措置❶。文艺工作者为这一任务致力的人似乎

❶ 措置：安排；料理。

136

还未及见。《韩新》这一篇小说，在这一意义下，是值得推荐的。

让我们先来看作者怎样描绘这个"韩新型"。

根据原文的材料《韩新》的矛盾约如下表：

矛	盾
搞起这支队伍，认为是他们赎罪的本钱。	呼吸不惯这里的空气，看不顺眼红膏药旗子。
一天不离开这环境，就多戴一天黑帽子。	拉了队伍走，又对不住朋友义气。
胜利消息传来，便领着大家大呼三声"中国万岁"。	第二天，日兵竟上街示了一次威，韩新跟着大家焦虑怀疑。
私自带了队伍冲上火车站。	大队长对他发了脾气。

作者把握住韩新的矛盾，而且用米店老板的话，小孩子们的指指戳戳，老百姓们听到了胜利消息以后，无所顾忌地放鞭炮等等材料，刺戟这些矛盾的发展。韩新心理矛盾发展到顶点，"一肚皮火烧着他的心、他的肺，他一刻也安静不下"，于是"私自带了队伍冲上火车站"。从作者这样的写法中，我们可以学到以下的六点：

第一，我们为什么重视这个"韩新型"？那不是光是为了他有着矛盾的心理。严格说来，任何伪军都可能有矛盾心理的。韩新之可写是在他的矛盾心理中，

★ 这就是说，我们要学习辨认矛盾中的主导力量，把握住这一点来观察、写作。

137

向人民的观念力量占据了主导的地位。如果韩新的矛盾心理只是脚踏两条船的顾虑，一面为虎作伥❶，一面也如最近巨奸所供出的预先向重庆方面取得证件，那韩新也就不配成为一个典型。韩新他一开头就看不顺眼这个红膏药旗子飘扬的世界，后来听到米店老板诉苦：想到"挨到今天，反而还得在日本人的脚下，跟着他们坑害同自己同样出身的平民老百姓"真是"忍不下去"，胜利消息传来之后，他又想到"自己的将来，还当兵呢？还是回家种地？……为什么不在以前拖了队伍跑呢"，于是他更痛苦，简直想发疯了。这样的心理矛盾中，显示出韩新的向人民的想头已经成为他的主导生活观念。正为有了这样的主导观念，他便本质地不同于一般伪军。这就是说，我们要学习辨认矛盾中的主导力量，把握住这一点来观察，写作，然后我们文字里的"矛盾"才是活生生的东西，不是死板板的摇篮。

　　第二，我们接着要问：是什么使这个伪军排长产生这种向人民的想头的呢？文章里略微点到了一下，"同自己同样出身的平民老百姓"。韩新是怎样出身？文中没有清楚交代，不过作者曾经机智地提到："这个天哟，就该枪毙！一连晒了二十几个大太阳，不顾庄

❶为虎作伥：比喻帮助恶人作恶，帮坏人干坏事，帮凶。

稼人的死活；""有几处已经在掼稻了，传来单调的'通！通！通！'的声音。他想这些谷子如果是自己亲手种的，才不会一个钱不落缴了军米给人家白吃。"这些材料映衬❶出韩新的出身——农民。唯其他是农民出身，所以他才会产生向人民的想头。这样的写法是非常必要的，这篇文字在这点上还嫌写得不够显豁。要不点出这一层，韩新的矛盾心理的主导的一头从何而来？因何增长？若说偶然而生，那就不大科学了。作者这样的写法，若能加强一些自然更好，这可以告诉我们伪军中农民出身的才易有这样的心理矛盾。大地主、知识分子、流氓一类人参加伪军的情形恐怕就不大相同了。

❶ 映衬：互相映照、衬托使显现。

　　第三，上面的两点，《韩新》的作者虽然也注意到，但写来还嫌模糊。譬如一上来，作者提到了韩新的"懊恼"，内容呢，只是"永远看不顺眼的红膏药旗子飘扬的世界"。这就写得不够现实。一个农民出身的人，"不到三十岁""搞这伪军已经两年"，对于那一种旗子飘扬感到懊恼不懊恼，恐怕不会成多大问题，一个知识分子可能在这一点上敏感得多。也许可以诿说作者写这一句话只是作为一个征象，那么征象的后面是什么？国家意识？民族意识？这就模糊得很了。文中又说："他当了大队长要忍耐，韩新忍到哪天才有个止境？他忍下去，会升官，会发财，韩新不希罕！"这样的写法是非常主观的，韩新不希罕升官发财，他希罕什么？这一问，恐怕要问住了韩新，也问住了作者。作者又说："他有时也想起自己的将来，还当兵呢？还是回家种地？如果一直当老百姓，今天不也跟着他们一样地狂欢，一样地放放鞭炮欢迎自己的军队？可是，现在像被万人踩在脚底下，为什么不在以前拖了队伍跑呢？"他希罕一直当老百姓？他拖了队伍跑，又希罕些什么？一提出这些问题，我们便可以看出作者对于"韩新型"其实还缺乏深刻的了解。作者相当技巧地写出了韩新的心理过程，可是没有摸清他的意识。最不可能的是"韩新回到防地向弟兄们说了这消息，又领着大家大呼三声'中国万岁'"。这样的韩新，纯然❶是知识分子作者的想象，一个农民出身的人真的会只为国家意识而奋斗么？而且，假使韩新已经如此心安理得，他还有什么苦闷？"痛苦，想发疯，就狂乱地喝酒"，不全成了没来头了么？后文还说"一肚皮火烧着他的心、他的肺，他一刻也安静不下"，这一肚皮火是什么？他为"中国万岁而欢呼"，在"队伍已经改编成××纵队独立大

❶ 纯然：纯粹，全然。

队……中央有了命令，各安防地"之后，对伪军不已经很够"万岁"了么？我们把这些问题提出，追着问，是要使作者读者懂得光是主观地想象韩新是不行的，必须以客观的态度熟悉韩新，分析韩新，方才能创造出"韩新型"来。光凭自己的想象处理人物，一经推敲，这个人物就显出傀儡❶的原型❷，失掉其真实的文艺价值了。

　　第四，韩新是生存在怎样的人群中间呢？照作者在小说头上告诉我们的是："这支队伍里除了那些拖家带眷，抽大烟，或者靠了势力做生意，喜欢同日本人联络联络的官儿们之外，存心呆在这里享福的，在他看来，似乎还少。"韩新既然生存在这样的人群中间，他是有可能得着向人民的影响的。这样人群的影响，在刻画韩新的心理矛盾下，应该披寻而表现出来。表现这样的影响，可以使我们看到构成韩新心理矛盾的主导一面的来源。否则韩新的想头，就像纯个人的想头了。作者似乎没有注意到这一点，后面不仅不再提到，甚至自相矛盾歪曲了这一群人的素质。胜利消息来到以后，主张"忍耐着，忍耐着，我们的翅膀还不够硬朗❸哩"的大队长（何以后来大队长对他发脾气，甚至要"禁闭"他，前后的演变，文中也没有交代）

❶ 傀儡：原指木偶，如傀儡戏。借指受人操纵、没有自主权的人或事物，如傀儡政府。

❷ 原型：原书为"原形"。下同。

❸ 硬朗：身体健壮的；强硬有力。

召开了一个会议，说"已经和××游击纵队司令接洽过，而且奉'独立大队'的委令和番号"。大队长如此主张且不说，很难理解的是："排长以下的横竖顺大浪淌，大家说怎么办，就怎么办，"这时，韩新为什么不发一言？"存心呆在这里享福"的人不是"似乎还少"么？这些人和"拖家带眷，抽大烟，或者靠了势力做生意，喜欢同日本人联络联络的官儿们"何以在会议中简直是一鼻孔出气，两方毫无斗争的痕迹？士兵群众只是想"回家去看看老婆""回家去种地""开一间小吃食馆子"。假使士兵群众真是如此，那么头上一段话就没有了真实性。这些地方，作者显然就是写坏了的。

第五，在技术上，有两段文字，安排得很不合适。第一段是他听了米店老板一番话以后的行动。他"叫值日班长派两个公差，都带枪"为了什么？是想和日本人干一干，但是后来"几乎像逃跑似的溜进了大队部"，这写得太毛草❶了。这样"银样蜡枪头"的韩新，在《和平》报纸上正式揭露'天皇'的'大诏'"以后，倒反会干出"天坍下来，我韩新一个人顶"的事情来，这是说不大通的。第二段是在末了，从"忽然一个卫兵来报告：有许多日本人来了"，一直到完篇。这一大段材料，看来是多余的。我们读到"那日本兵尴尬地

❶ 毛草：比喻办事粗心、浮躁、不细心。

举起来两只手"，同时觉得作者在这里结束，也不免有些"尴尬"。这时作者笔下的韩新已经不是个"人"而是近似超凡入圣❶的"神"了。

如果老实的读者追问"后事如何"，作者怎样作答？恐怕很为难吧？我想不如写到"他号啕大哭，泪水顺着鼻子两旁挂"就结束。这样对于韩新的描绘倒还可以告一小小段落。

第六，还有几点细微的毛病，如"零落增添"的"零落"恐怕是"零星""零碎"同义词之误，米店老板和传令班长叫韩新作"韩队长"，应该是"韩排长"。这些地方，严正的习作者是应该自己注意改正的。

我们读一篇文章，如果用心去研究，无论原来好的坏的，写成功的，写失败的，都可以当写作的教材看。读者诸君，不嫌这样的研究烦琐么？

❶ 超凡入圣：超越凡俗，达于圣界，多形容造诣达到登峰造极的地步。

143